Se Tim Challies precisava escrever u[m livro, eu] precisava ler. Porque, quando as aflições [tornam-se] crônicas e debilitantes, o coração can[sado anseia por bálsamo] frescante que alivie a dor. Encontrei esse bálsamo em *O vale da dor*. Com sinceridade comovente, meu amigo Tim nos oferece consolo poderoso e abençoado pelo Espírito: consolo que sustenta a alma e torna-nos mais fortes para seguirmos adiante. Nessas páginas, mais do que entrar na história da imensa perda de Tim, você sairá dela com o coração mais suave e com a coragem renovada para perseverar em seus próprios vales sombrios de sofrimento.

Joni Eareckson Tada, fundadora do Joni and Friends International Disability Center

O vale da dor é um belo livro. Lê-lo é como desfrutar um dom precioso, como estar em terra santa. A morte de um filho é um lembrete chocante, triste e devastador de que vivemos em um mundo fraturado, caído e lastimável. Contudo, é precisamente nesses momentos, quando as coisas inesperadas e indesejadas entram por nossa porta, com a escuridão da dor, da amargura e das perguntas sem resposta, que as preciosas verdades do evangelho brilham com mais fulgor. Esta obra levará você às lágrimas, mas, por meio delas, você enxergará o seu Senhor e sua majestosa graça de um modo que talvez nunca tenha visto.

Paul David Tripp, pastor, palestrante, autor de *As misericórdias do Senhor se renovam a cada manhã: leituras diárias centradas na mensagem do evangelho*

Para mim, é sempre um prazer ler tudo o que Tim Challies escreve, mas *O vale da dor* fala diretamente à minha alma. Eu o li poucas semanas após a morte inesperada de dois amigos íntimos e enquanto minha esposa lutava bravamente contra um câncer em estágio quatro. O sofrimento sincero de Tim e seu ponto de vista centrado em Cristo falaram ao meu coração e à minha mente. Ele escreve com integridade, autenticidade e profundidade. Aqui, não há fingimento, retoque nem minimização da morte. Pelo contrário, é um livro esperançoso que abraça as promessas de Deus, que custam sangue, segundo as quais Deus um dia abolirá a maldição e aniquilará a morte para sempre.

Recomendo fortemente *O vale da dor* a todos que tenham passado por uma perda devastadora.

Randy Alcorn, autor de *Dinheiro, bens e eternidade*

Em *O vale da dor*, Tim Challies desnuda o coração de um pai terreno completamente arrasado pela morte repentina de seu amado filho, Nick. Entretanto, ao mesmo tempo em que expõe seu genuíno penar, Tim nos proporciona a genuína alegria que só pode vir do Cristo ressurreto. Os crentes precisam desse livro e apenas Tim Challies poderia tê-lo escrito. Sinto-me muito consolado por Nick ter sido aluno da Boyce College e por sua notável influência enquanto jovem cristão. Por meio desse livro, a vida extraordinária de Nick, juntamente com o luto de seu pai que honra a Deus, continua sendo um testemunho do amor redentor de nosso Pai celestial.

Albert e Mary Mohler. *Albert é presidente do Southern Baptist Theological Seminary. Mary é fundadora e diretora do Instituto de Esposas do Seminário*

Se você perdeu um ente querido, como todos já perderam, ou se já enterrou um filho, como muitos já enterraram, Tim Challies é solidário com você. Ele é seu amigo e irmão, a sua mão amiga. Nessa pungente coleção de reflexões, você pranteará juntamente com Tim, Aileen e sua amada família. A fé e a coragem deles abençoarão você com uma injeção dessas mesmas virtudes. E a visão esperançosa deles ajudará você a caminhar até aquele dia em que, como Tim afirma, Deus "enxugará dos seus olhos toda lágrima".

Robert e Nancy Demoss Wolgemuth, autores de *best-sellers*

O VALE DA DOR

O VALE DA DOR

AS ESTAÇÕES DO LUTO E O CONSOLO DE DEUS

TIM CHALLIES

Tradução
Danny Charão

THOMAS NELSON
BRASIL®

Copyright © 2022, de Tim Challies. Todos os direitos reservados.

Copyright da tradução © 2024, de Vida Melhor Editora LTDA. Todos os direitos reservados.

Título original: *Seasons of sorrow: the pain of loss and the comfort of God*

Todos os direitos desta publicação são reservados à Vida Melhor Editora Ltda. Nenhuma parte desta obra pode ser apropriada e estocada em sistema de banco de dados ou processo similar, em qualquer forma ou meio, seja eletrônico, de fotocópia, gravação etc., sem a permissão dos detentores do copyright.

As citações bíblicas são da Nova Versão Internacional (NVI), da Bíblica Inc., a menos que seja especificada uma outra versão da Bíblia Sagrada.

PRODUÇÃO EDITORIAL	Fabiano Silveira Medeiros
TRADUÇÃO	Danny Charão
COPIDESQUE	Lenita Ananias
REVISÃO	João Arrais e Victória Arrais
DESIGN DE CAPA	Rafael Brum
PROJETO GRÁFICO E DIAGRAMAÇÃO	RLUX

Dados Internacionais de Catalogação na Publicação (CIP)
(BENITEZ Catalogação Ass. Editorial, MS, Brasil)

M438v
1. ed.
    Medeiros, Danny
        O vale da dor / Danny Medeiros. – 1. ed. – Rio de Janeiro :
    Thomas Nelson Brasil, 2024.
    208 p.; 13,5 × 20,8 cm.

    Título original: Seassons of sorrow
    ISBN 978-65-5217-187-0

        1. Fé (Cristianismo). 2. Luto – Aspectos religiosos – Cristianismo.
3. Perda. 4. Vida cristã. I. Título.

11-2024/181   CDD 259.6

Índice para catálogo sistemático:
1. Luto : Aspecto religiosos : Cristianismo 259.6

Aline Graziele Benitez – Bibliotecária - CRB-1/3129

Os pontos de vista desta obra são de responsabilidade de seus autores e colaboradores diretos, não refletindo necessariamente a posição da Thomas Nelson Brasil, da HarperCollins Christian Publishing ou de suas equipes editoriais.

Thomas Nelson Brasil é uma marca licenciada à Vida Melhor Editora LTDA. Todos os direitos reservados à Vida Melhor Editora LTDA.

Rua da Quitanda, 86, sala 601A - Centro,

Rio de Janeiro/RJ - CEP 20091-005

Tel.: (21) 3175-1030

www.thomasnelson.com.br

Este livro é dedicado a Nicholas Paul Challies,
5 de março de 2000 — 3 de novembro de 2020.

Parte dos royalties do autor deste livro é doada
para a bolsa de estudos
Memorial Nick Challies, na Boyce College,
e para o The Southern Baptist Theological Seminary.

Partes deste trabalho apareceram,
em formas e graus variados, em Challies.com.

Sumário

Prólogo 13

Agradecimentos 15

Outono

1. Antinatural 19
2. Obituário 23
3. Na mais profunda escuridão 27
4. Boa noite, até breve 31
5. Da sepultura para a glória 35
6. Dormindo em Jesus 39
7. Deus é bom o tempo todo 43
8. Apenas um espectador 47
9. Meu manifesto 53
10. Cantando em meio às trevas 55
11. Temo a Deus e tenho medo dele 59

Inverno

12. Voltando a encarar o sol 65
13. "Ajuda-me a vencer a minha incredulidade!" 69
14. O que fazer com o luto? 73
15. Olhos em lágrimas, coração jubiloso 77
16. A oração que não consegui fazer 81
17. Como administrar a tristeza 85
18. Seja feita a tua vontade! 89

19.	Para meu filho, em seu aniversário de 21 anos	93
20.	Saudade de casa..	99
21.	Flores no deserto	103

Primavera

22.	Em nem um instante sequer foi cedo demais	109
23.	Qual é o comprimento desse traço?.................................	113
24.	Um quarto vazio...	117
25.	Quantos filhos eu tenho?...	121
26.	A causa da morte	125
27.	A trombeta soará	129
28.	Siga os meus passos	133
29.	O círculo sagrado	137
30.	Os anjos não sabem...	143
31.	Do outro lado do muro	149

Verão

32.	Coragem, caro coração	155
33.	O ministério do sofrimento	159
34.	Deus, dê-me filhos homens	165
35.	Em pastos verdejantes	167
36.	O meu bem mais precioso	171
37.	Não há nada de que ele precise	175
38.	Sinto falta de meu filho hoje	179
39.	A morte não lhe fez mal algum	183
40.	É chegada a hora de ressuscitar!......................................	187
41.	Pegadas nas areias do tempo	191
42.	Muito bem, pai bom e fiel	197

Epílogo – O primeiro fim.. 201

Nota do Autor 207

4 de novembro de 2020

Em todos esses anos em que escrevo, jamais tive de digitar palavras mais difíceis e devastadoras do que estas: ontem, o Senhor chamou para si o meu filho, meu querido filho, meu doce filho, meu bondoso filho, meu piedoso filho, meu único filho homem.

Nick estava jogando com a irmã, a noiva e vários outros alunos na faculdade, em Louisville, Kentucky, quando de repente desmaiou e nunca mais recuperou a consciência. Estudantes, paramédicos e médicos lutaram bravamente, mas não conseguiram salvá-lo. Agora, ele está com o Senhor que amava, o Senhor a quem desejava servir. Não temos respostas para o que ocorreu nem sabemos o porquê.

Ontem, Aileen e eu choramos muito até não aguentarmos mais, até não termos mais lágrimas. Depois, mais à noite, olhamos nos olhos um do outro e dissemos: "Nós conseguimos". Não queremos, mas podemos superar essa tristeza, essa dor, essa devastação, porque sabemos que não temos de fazer isso com nossas próprias forças. Podemos fazer isso como cristãos, como um filho e uma filha do Pai que sabe o que é perder um filho.

Viajamos durante a noite para chegarmos a Louisville e ficarmos juntos em família. Pedimos que vocês se lembrem de nós em suas orações, enquanto lamentamos juntos a nossa perda. Sabemos que, pela frente, haverá dias penosos e noites sem dormir. Por enquanto, todavia, ainda que nossa mente esteja confusa e nosso coração despedaçado, nossa esperança e nossa fé permanecem firmes. Nosso filho está em casa.

— Registro no blog Challies.com

Prólogo

"Fizemos tudo o que podíamos."

Naquela noite, ocorreram coisas que mal consigo lembrar, muito menos contar em detalhes. Grande parte felizmente desapareceu de minha memória e deve ter sido apagada por algum tipo de mecanismo interior de autoproteção. O que resta são fragmentos isolados, imagens esmaecidas. Lembro-me de receber o telefonema que todo pai e toda mãe temem, aquele em que um médico diz: "Fizemos tudo o que podíamos". Lembro-me do grito angustiado de uma mãe ao saber que o seu filho morrera e do choro pungente de uma irmã que acabara de saber que seu irmão não voltaria mais para casa. Lembro-me do rosto traumatizado de outra irmã que viu o irmão cair no chão e morrer diante de seus olhos. Lembro-me de palavras de incredulidade que me escapavam da boca: "Meu menino. Meu menino. Meu pobre menino, pobrezinho". São momentos sagrados, memórias assombrosas, que é melhor deixar onde estão, enterradas no fundo da gente, para surgirem apenas em meio a raras recordações e sonhos perturbadores da noite.

Contudo, mesmo quando o céu escureceu naquela noite, começaram a surgir vislumbres distantes de luz, pois em meio à dor também me lembro do amor. Os amigos correram para estar ao nosso lado, convocados pelas únicas palavras que conseguimos dizer: "Precisamos de vocês". Enquanto chorávamos juntos, eles começaram a nos confortar e consolar, falando as verdades mais elevadas para a nossa mais profunda tristeza. Um poderoso coro de orações começou a se elevar aos céus em nosso favor. Enquanto estávamos sentados anestesiados pela incredulidade, surgiu em nós a determinação de suportar bem essa tristeza, de enfrentá-la com fé. As peças se encaixaram e pudemos partir imediatamente de nossa casa no Canadá para ficarmos com nossa filha em Louisville. Em meio a tudo isso, Deus foi muito bondoso, muito amoroso e muito presente, mediante seu Espírito e por intermédio de seu povo.

Em algum lugar do céu sobre Ohio, sob uma fraca luz de avião, comecei a escrever. Eu já disse várias vezes que não sei o que penso ou em que acredito sobre algo até escrever sobre isso. Escrever é meu modo de refletir, é como medito, como registro cada jornada da vida. Assim, quando a tristeza ainda era recente em meu coração, quando as lágrimas ainda estavam mornas em meus olhos, quando mal sabia dizer onde estava, comecei a escrever. Eu *tinha* de escrever, porque precisava saber o que pensar e em que acreditar, o que sentir e o que fazer. Eu tinha de saber se era para eu ficar com raiva ou para louvar, se deveria fugir ou curvar-me, se desistiria ou continuaria. Eu tinha de saber como confortar minha esposa, como consolar minhas filhas, como firmar minha própria fé. Pus os dedos no teclado e a caneta no papel para descobrir.

Escrevi para a minha família. Escrevi para os meus amigos. Escrevi para mim mesmo. Escrevi o meu louvor e o meu lamento, as minhas perguntas e as minhas dúvidas, minha dor e minha alegria. Escrevi em meio a abismos de tristeza e picos de alegria, em meio a medos horrendos e dor angustiante. Escrevi em meio ao vale da dor.

Um pouco do que escrevi no ano seguinte àquela noite foi compartilhado com o público do meu website pessoal, Challies.com. A maior parte não foi compartilhada. Neste livro, conto a minha viagem em meio às quatro estações, começando no outono e avançando pelo inverno, pela primavera e pelo verão. Exatamente um ano após iniciar essa jornada, o livro se encerra, no primeiro aniversário de morte do meu amado filho, Nicholas Paul Challies.

Agradecimentos

Aileen, Abby, Michaela e Ryn, tenho muito orgulho de vocês e sou muito grato por vocês. Faremos o que prometemos quando Nick ainda estava conosco: permaneceremos fiéis ao Senhor e à sua Palavra. Assim, todos poderemos ansiar por uma extraordinária reunião no céu. Que dia maravilhoso será esse!

Preciso expressar gratidão à minha mãe, às minhas irmãs e ao meu irmão, bem como aos pais e à irmã de Aileen por todas os modos e meios com que nos apoiaram em nossa perda e durante o ano que se seguiu. Também preciso expressar minha gratidão a muitos vizinhos que foram tão bondosos, prestativos e gentis. Não teríamos conseguido suportar sem vocês.

Nos primeiros dias, recebemos a ajuda extraordinária e inesquecível de muitos funcionários, professores e alunos do Boyce College e do Southern Baptist Theological Seminary, assim como dos pastores e membros da Third Avenue Baptist Church. Sou muitíssimo grato. Também sou grato aos queridos irmãos e irmãs da Grace Fellowship Church, que cuidaram tão bem de nós. Agradecimentos especiais também a Scott e Mona, John e Milly, Curtis e Jenny, Paul e Susan, Aaron e Chris, cada um dos quais nos serviu de forma excepcional. E, em seguida, devo agradecer aos muitos leitores do meu blog que apresentaram condolências e oraram por nós.

O Senhor providenciou para que conhecêssemos outros pais que fazem parte do círculo sagrado dos aflitos e sou grato pelas amizades de Robb e Karen, Jamie e Vanessa, James e Mary e Joel e Danielle. A fé e a perseverança desses casais nos abençoaram de muitas maneiras.

Agradeço às equipes da Wolgemuth & Associates e da Zondervan Reflective pelo apoio a esse projeto.

Se de alguma forma você foi tocado, ajudado ou abençoado por este livro, por favor, pense em fazer uma doação a essa bolsa de estudos distribuída aos alunos do Boyce College e do Southern Seminary que planejam assumir o ministério que Nick não pôde: o de ministrar o evangelho de Jesus Cristo no Canadá. Você pode ter mais informações a respeito disso em www.sbts.edu/support/challiesscholarship.

Outono

CAPÍTULO 1

Antinatural

Acordei naquela manhã com uma lágrima nos olhos. Acordei pensando (ou estava sonhando?) em um dia de tempos atrás, quando Nick ainda era um garotinho. Ele tinha apenas três anos e acabara de tomar conhecimento da existência da morte. Mas sua capacidade de ficar perplexo e temer era muito maior do que sua capacidade de compreender.

Naquele dia, Aileen fora a um estudo bíblico e levara nossa bebê, Abby, com ela; então, eu e Nick tivemos um tempo só para nós dois. Sentamo-nos no sofá para vermos juntos um filme infantil e, inevitavelmente, à medida que se aproximava do fim, um dos personagens centrais morreu. Eu me peguei assistindo simultaneamente ao Nick e ao filme. Vi seu corpinho começar a tremer, enquanto a trilha sonora triste ia ficando mais alta. Vi as lágrimas começando a se formarem em seus olhos, enquanto ele observava os entes queridos se reunirem em torno do amigo caído. Vi o rosto do Nick se enrugar e seu semblante cair.

Ele se virou para mim e, com lágrimas escorrendo pelo rosto, soluçou. "Papai, por que ele teve que morrer? Quando ele volta a viver?". Com carinho, puxei Nick para o meu colo e, apertando-o em meus braços, eu o fiz lembrar do céu. Disse-lhe que o céu é onde Deus vive, onde não há mais luta, não há mais morte e não há mais tristeza. Disse que é um lugar onde os meninos e seus pais podem ficar juntos para sempre. Ele tentou compreender, mas como uma mente de três anos pode tentar compreender um conceito tão antinatural quanto a morte, tão maravilhoso quanto o céu?

E ali, sentados no sofá, choramos juntos. Nick deitou a cabeça no meu colo e chorou por algo que não conseguia entender, algo para que não fora criado para entender. Acariciei os cabelos dele e chorei por este mundo: um mundo criado perfeito, mas que há muito foi contaminado pelo pecado e pela morte. Chorei, porque uma simples criança precisava se preocupar com assuntos tão tristes, tão assustadores e tão trágicos.

Perguntei ao Nick se poderia orar com ele. Enxugando suas lágrimas, ele respondeu que sim e fechou os olhos. Então, pedi a Deus que ajudasse o Nick a entender que, se amamos a Deus, não precisamos temer a morte. Pedi a Deus que Nick confiasse em Jesus, para o perdão de seus pecados. E, é claro, pedi a Deus que confortasse Nick, a fim de que seu coração de criança não se perturbasse, mas ficasse em paz.

Mais tarde naquele dia, sentei-me à minha escrivaninha e escrevi: "Eu gostaria de conseguir explicar ao meu filho sobre a morte da morte conquistada mediante a morte de Jesus Cristo. Quem me dera fazê-lo compreender que, quando deposita sua confiança em Jesus, não há nada a temer na vida ou na morte. Espero, confio e oro para que esse entendimento venha no devido tempo, a fim de que, quando os olhos de Nick se fecharem na morte, ele e eu nos reunamos onde a morte não mais existe, onde não há mais luto, dor nem tristeza e onde Deus já terá enxugado todas as lágrimas que encheram seus olhos infantis".

Eu jamais imaginei que não seria eu a esperar por Nick no céu, mas, sim, Nick que esperaria por mim. Ainda assim, estou certo de que, apenas alguns anos depois do que relatei, Nick decidiu que viveria de acordo com a fé cristã e com o propósito de anunciar a bondade e a misericórdia de Deus. Ele depositou sua fé em Jesus Cristo. Passou a acreditar que Jesus poderia dar sentido e propósito à sua vida e um futuro bom e glorioso após a sua morte. Obviamente, ele não sabia o quanto essa vida seria breve e quanto esse futuro estava próximo. Não tinha como saber. Mas isso não o impediu de se preparar.

A confiança de Nick — sua convicção plena e segura — passou a ser de que, quando seu corpo morresse, sua alma continuaria viva; quando seu corpo fosse sepultado, sua alma habitaria com Deus. Mesmo que por um tempo corpo e alma se separassem, chegaria um dia em que eles se reuniriam. A esperança que a sua fé cristã lhe oferecia não era de um futuro em que a humanidade se torna almas desencarnadas ou seres angélicos ou passa a ser uma parte do cosmo, mas de algo muito melhor, algo muito mais adequado para a nossa humanidade. A fé cristã oferece a promessa de um futuro em que esta terra será renovada e restaurada, em que toda a dor e tristeza serão consoladas, em que todo o mal e o pecado serão removidos. É nesse contexto glorioso que o nosso corpo e a nossa alma se reunirão de novo para podermos viver neste belo mundo, mas sem nenhum medo de doença, sem medo de tristeza, sem necessidade de vermos uma criança de três anos de idade chorar por causa da morte, sem nenhuma possibilidade de um rapaz de vinte anos cair ao chão e morrer.

Nunca desejei que Nick tivesse uma vida tão curta. Tampouco desejo agora ter que prosseguir sem ele. Essa perda é mais dolorida que qualquer outra que já conheci e está me fazendo chorar do mais profundo do meu ser. Mas não posso e não vou lamentar como alguém que não tem esperança, que não tem confiança, que não tem segurança, pois tenho muita esperança, muita confiança, muita segurança, porque Nick estava preparado. Mesmo sendo jovem, estava preparado para morrer. Ele resolvera o estado de sua alma. Ele se preparara para o dia de sua morte.

Por isso, sei do fundo do meu coração que me despedi *por enquanto*, que eu disse adeus *por um tempo*, que Nick não foi enviado *para longe*, mas apenas enviado *na frente*, para aquele lugar onde a morte não existe mais, onde já não há mais luto, dor nem tristeza, onde Deus já enxugou todas as lágrimas, onde meu filho está agora esperando pacientemente e em segurança que seu pai se junte a ele.

CAPÍTULO 2

Obituário

Ele desempenhou bem sua curta jornada.

Nicholas Paul Challies nasceu em 5 de março de 2000 no Hospital McMaster, em Hamilton. Ele foi uma espécie de pioneiro, o primeiro filho de Tim e Aileen, o primeiro neto de Mike, Marg, John e Barbara, o primeiro sobrinho de Andrew, Maryanne, Emily, Susanna e Grace.

Quando Nick tinha apenas alguns meses de idade, sua família se estabeleceu em Oakville, um bairro residencial de Toronto. Ali, nasceram Abby, em 2002, e Michaela, em 2006, completando nossa família. Ele era um menino quieto e pensativo que apreciava um pequeno grupo de amigos e uma grande biblioteca de livros. Tinha a prematuridade que muitas vezes vem com a primogenitura e o senso de responsabilidade que muitas vezes advém de ser o irmão mais velho. Era leal à família, bondoso com as irmãs e respeitoso com os pais.

O centro da vida de Nick era sua fé em Cristo. Quando ainda era pequeno, decidiu que seria desonesto simplesmente imitar as convicções religiosas de seus pais; por isso, começou uma investigação independente para determinar por si mesmo se valia a pena acreditar no evangelho. Finalmente, convenceu-se de que Jesus Cristo é o Salvador do mundo e que deveria ser um seguidor de Jesus. Fez sua profissão de fé e foi batizado e recebido como membro da Grace Fellowship Church, onde adorava e servia a Deus com alegria.

Quando chegou a hora de pensar em uma profissão, descobriu que seu coração estava voltado para o ministério pastoral. Sua procura de um seminário o levou a Louisville, Kentucky, e às instituições parceiras do Boyce College e do Southern Baptist Theological Seminary. Em 2018, inscreveu-se em um programa acelerado que lhe permitiria concluir o bacharelado na Boyce e, ao mesmo tempo, o mestrado na Southern em apenas cinco anos. Ele se esforçou bastante, decidido a terminar cedo, e estava a caminho de concluir em apenas quatro anos. Nick era um aluno diligente que desenvolvera um gosto particular pelo Novo Testamento e pelos estudos de língua grega. Também foi bem-sucedido nas interações sociais, fez muitas amizades importantes, foi um conselheiro residente assistente e conselheiro estudantil internacional, além de ter desempenhado o papel de mentor de vários alunos mais jovens.

Logo depois de chegar a Louisville, Nick ficou muito interessado em Anna Kathryn Conley, apelidada de "Ryn". Os dois começaram a namorar em 2019 e, bem no início do seu primeiro ano de faculdade, Nick lhe pôs um anel de noivado no dedo. O casamento seria em 8 de maio de 2021.

Em 3 de novembro de 2020, enquanto participava de uma atividade esportiva com os colegas de dormitório, Nick desmaiou inesperada e repentinamente. Apesar de todo o empenho, amigos, socorristas e médicos de emergência não conseguiram reanimá-lo.

Todos os que tiveram o privilégio de conhecer Nick lamentam seu falecimento e lembram-se dele com carinho. Todos os que compartilham de sua fé o elogiam por ter desempenhado bem sua curta jornada e aguardam o dia em que o verão novamente. Seus pais, suas irmãs e sua noiva dizem em meio a lágrimas: "O Senhor deu, e o Senhor levou; louvado seja o nome do Senhor".

CAPÍTULO 3

Na mais profunda escuridão

Certa vez, meu tio me perguntou se eu gostaria de passar uma tarde velejando com ele. Ele tinha acabado de restaurar um barco com o estilo dos navios dos antigos vikings e estava ansioso para ver como ia se sair. Lançamos o *Perle*, seu barquinho *faering*[1] norueguês, em um dos vários lagos do leste de Ontário, subimos a bordo e partimos. As velas pegaram o vento e avançamos pouco a pouco para o oeste. Mas, à medida que o dia avançava e as sombras se estendiam, o vento diminuiu e o nosso avanço se interrompeu. Uma calmaria mortal se instalou quando a noite caiu e as nuvens se desenrolaram, encobrindo a lua e as estrelas. Agora, estávamos encalhados do outro lado do lago, sem vento para nos conduzir, sem nenhum ponto de referência para nos guiar. Abaixamos as velas, pegamos os remos, apontamos a proa na direção de casa e começamos a remar. O que mais poderíamos fazer?

Uma escuridão tomou conta de mim na noite em que Nick morreu. Até aquele dia, minha vida tinha sido muito iluminada e fácil. Mas o mundo à minha volta começou a ficar nebuloso quando soube que meu filho entrara em colapso e ficou ainda mais escuro quando me disseram que fora levado às pressas para o hospital. O pronunciamento do médico sobre sua morte foi como se densas trevas rastejassem e se assentassem à minha volta, entorpecendo meus sentidos e prendendo-me

---

[1] Barco característico da região oeste e norte da Escandinávia. (N. T.)

em uma sombra. Embora meus olhos tenham permanecido claros, minha mente não estava. O meu coração não estava. Tudo estava abafado e distorcido agora. As coisas que deveriam ser fáceis são difíceis. A minha memória está cheia de buracos. Perdi a capacidade de tomar decisões. Estou perdido, confuso, desconcertado, estou muito cansado.

Lembro-me de pessoas falarem que, em ocasiões de forte trauma emocional, foram dominadas por uma espécie de entorpecimento, uma sensação de choque. Fico preocupado quando me lembro de ouvi-los dizer que isso durou semanas ou mesmo meses. Certa vez, escorreguei em algumas rochas à beira-mar e descobri pelo inconfundível estalo que quebrei o braço. O que me deixou perplexo foi que, durante alguns minutos, não senti nada. Foi apenas quando a adrenalina passou, quando o choque se dissipou, que a dor branda evoluiu para uma dor aguda. Parece que é assim que o corpo se protege. Talvez a mente e o coração também façam isso. Talvez essa escuridão seja uma bênção, um véu de proteção.

Nesse nevoeiro sombrio, ainda não acredito plenamente que o Nick morreu. Não confio em mim mesmo para acreditar nisso. Embora tenha sido eu que escrevi o obituário dele, vejo-me a lê-lo repetidas vezes para garantir que é tudo verdade. Cheguei a ponto de me beliscar, de pedir à Aileen que me assegurasse de que estou acordado. E se eu houvesse apenas adormecido e tudo isso fosse apenas um sonho terrível? E se eu adoeci e isso tudo foi um pesadelo febril? E se por engano eu tomei a pílula errada e agora estou tendo alucinação? Essas hipóteses não são mais prováveis do que um jovem simplesmente cair morto? Eu digito o nome de Nick no meu computador e encontro uma notícia: "Alunos do Boyce College devastados lamentam a morte abrupta de Nick Challies".[2] Então, é verdade. Contudo, não sei por que, ainda não me chocaria se meu telefone tocasse e eu visse o nome dele na tela e ouvisse sua voz. Estou pairando nesse lugar entre a crença e a

---

2 Veja Jeff Robinson, "Heartbroken Boyce College Students Mourn the Abrupt Death of Nick Challies", *Southern News*, November 4, 2020, disponível em: http://news.sbts.edu/2020/11/04/heartbroken-boyce-college-students-mourn-the-abrupt-death-of-nick-challies.

descrença, entre a certeza e a dúvida. Não sei o que pensar. Não sei o que fazer. Não sei o que sentir.

Eu sequer sei o que achar da minha fé, do meu Deus. O certo agora seria orar, né? Mas não encontro palavras. Eu deveria abrir a Bíblia, certo? Mas não consigo me concentrar no que está escrito. Meu olhar está perdido, folheando capítulos e versículos, mas nunca paro tempo suficiente para absorver nada. Sinto um turbilhão e sinto-me pequeno. A dor é lancinante e abafada. Estou me contorcendo de agonia e imóvel, chorando e rindo, regozijando-me e lamentando. O que devo fazer diante de tudo isso? Como posso me orientar, se tudo é tão obscuro, tão sombrio, tão escuro?

A minha mente remonta àquela noite no lago há tantos anos. A escuridão era profunda e o vento, calmo. Só podíamos chegar em casa remando. O estranho é que os remos precisam ser puxados, não empurrados; por isso, só se avança quando o remador vira as costas para o destino. Diligentemente, virei as costas para casa e pus todas as minhas forças para puxar os remos. Enquanto eu remava, meu tio foi para a popa assumir o leme. Observei sua mão experiente nos guiando em meio a águas estranhas para mim, mas familiares para ele. Ele nos conduziu por perigosos bancos de areia, em torno de rochas salientes, nos canais estreitos. Eu ainda estava de costas quando chegamos às águas abertas, seguras e profundas. A mão dele ainda estava no leme, quando a proa finalmente tocou a costa e estávamos em casa.

Sei que estou caminhando para um futuro totalmente desconhecido, totalmente estranho, totalmente opaco. Estou a caminho de um futuro que não consigo enxergar e não enxergarei enquanto não se tornar presente e o presente se tornar passado. Um sábio disse certa vez que a verdadeira vitória da fé é confiar em Deus no escuro e em meio à escuridão.[3] Confiei em Deus quando me conduziu pela luz do dia; confiarei nele agora enquanto ele me conduz pela mais densa escuridão. Posso

---

3 Veja Theodore L. Cuyler, *God's Light on Dark Clouds* (London: Hodder & Stoughton, 1882), p. 45. A metáfora do remo que uso aqui também é inspirada em Cuyler e em um ensaio ("Christ's Hand at the Helm") em Theodore Cuyler, *Mountain Tops With Jesus: Calls to a Higher Life* (New York: Revell, 1899), p. 28-34.

não enxergar o caminho por onde vou, mas não preciso, porque meus olhos estão fixos naquele que me guia até lá. Ele me deu todas as razões para confiar nele. Ele me deu todas as razões para ter confiança de que manterá o meu rumo estável até que a quilha desse barquinho castigado pelo tempo finalmente crave na costa da glória e eu esteja em casa.[4]

---

4 Essa parte final é inspirada em J. R. Miller, *Week-Day Religion* (London: Hodder & Stoughton, 1898), p. 273.

CAPÍTULO 4

Boa noite, até breve

"Sr. Challies, queremos que saiba que recebemos Nick sob os nossos cuidados. Tenha certeza de que ele está nas melhores mãos."

A mensagem do agente funerário é um alívio, pois significa que a longa e solitária última jornada de Nick está completa. Mesmo que ele não possa voltar para casa, seu corpo pelo menos chegou de volta ao seu país, de volta à sua cidade. Não como esperávamos. Não como imaginávamos. Não como queríamos. Mas como Deus quis.

"Vocês já escolheram as roupas que gostariam que ele usasse?". A pergunta parece importante e ao mesmo tempo ridícula.

Como pode ser importante o que ele veste dentro de um caixão fechado? Mas como não o vestir com um traje elegante, digno, condizente com a sua humanidade?

Escolhemos um belo suéter cinza, jeans bem usados, sapatos informais. Vasculhando o porão, encontramos uma bolsa para carregar tudo. Dobramos cada peça de roupa com cuidado, formando uma pilha organizada, um item sobre o outro.

"Depois que terminarmos a preparação, vocês gostariam de vê-lo?" Fazia três meses que não o víamos, a última tinha sido no início do semestre. Será que deveríamos vê-lo uma última vez?

Ponderamos por alguns instantes, mas decidimos: não, não queremos vê-lo ali. Não queremos vê-lo assim. Não como a nossa última memória. Temos memórias melhores. Mais felizes. Temos até fotos dele com essa mesma roupa e, nessas fotos, seus olhos estão abertos, as bochechas estão brilhantes. Ele está abraçado com a noiva e alegre, satisfeito, contente. Se tudo o que podemos ter são memórias, preferimos agarrar-nos a elas.

As roupas ficaram na porta por um ou dois dias, esperando que alguém as pegasse. E agora, finalmente, o motorista está a caminho. Ainda assim, não consigo me livrar da sensação de que está faltando algo, de que deixei algo por fazer, incompleto.

Vou ao meu escritório e abro o armário onde guardo meus papéis de anotações. Eu havia começado a escrever cartas para Nick nos primeiros dias de seu primeiro ano: conselhos, declaração de amor, palavras de incentivo. Queria ter a certeza de que ele nunca teria motivos para duvidar de minha alegria, de meu orgulho, de meu afeto. Ele guardou todas. Encontrei-as guardadas em uma pequena bolsa na escrivaninha de seu dormitório. Talvez, então, seja apropriado escrever mais uma.

Na parte de trás do armário da cozinha, encontro um cartão gravado com o meu nome. Apropriado. Paro por um momento para pensar: existe alguma boa razão para escrever uma carta que ninguém jamais lerá? Estou escrevendo para ele ou para mim? Será que isso é realmente importante?

Lembro-me das palavras que eu havia escrito um ano antes, palavras de um pai tranquilizando o filho, regozijando-se com se filho. Agora, escrevo-as pela segunda vez:

> Eu te amo tanto quanto um pai pode amar um filho;
> estou tão orgulhoso de você quanto um pai pode se orgulhar de um filho;
> sinto tanto sua falta quanto qualquer pai sentiria a falta de um filho.

Ainda falta algo. Mas o quê? Palavras me vêm à mente, a letra de um hino antigo, esquecido de muitos, mas precioso para mim. É um hino escrito da perspectiva de um cristão que atravessa o mais breve dos momentos entre a vida e a morte. Canto baixinho para mim mesmo.

> Sigo por este caminho, regozijando-me
> deste vale de lágrimas sombrio;
> para a alegria e a liberdade celestiais
> dos laços e medos terrenos;
> onde Cristo, nosso Senhor, reunirá
> de novo todos os seus remidos
> para seu reino herdar:
> "Boa noite, até breve!
> Boa noite, boa noite, boa noite, até breve!".[5]

O hino continua com uma segunda estrofe. Enquanto esse amado santo dá o seu último suspiro, oferece terna garantia aos seus entes queridos:

> Por que tanto choro e tristeza,
> amados de meu coração?
> O Senhor é bom e gracioso,
> apesar de agora nos separar.

Em seguida, vêm palavras que se aplicam tanto ao que parte quanto ao que fica. Elas estão certíssimas. Perfeitas. Pego a caneta e escrevo palavras que imagino que Nick me diz, assim como eu as digo a ele:

> Muitas vezes nos encontramos com alegria
> e nos encontraremos novamente,
> todas as tristezas deixadas para trás:
> "Boa noite, até breve!
> Boa noite, boa noite, boa noite, até breve!".

"Amo você pra sempre. — Papai", acrescento. Então, dobro o papel e guardo-o com carinho no bolso de Nick. Passo a mão suavemente sobre o suéter, sentindo-o pela última vez, o mais próximo que consigo chegar de o sentir pela última vez. "Boa noite, meu filho", sussurro. Boa noite, até breve.

---

5 Leonhard Sturm, "Good Night, Till Then", trad. para o inglês Jane Borthwick, *Hymnary.org*, disponível em: https://hymnary.org/text/i_journey_forth_rejoicing, acesso em: 19 abril 2022 [Domínio público].

CAPÍTULO 5

DA SEPULTURA PARA A GLÓRIA

Não tive na vida momento mais difícil do que esse. O meu coração não conheceu dor mais profunda do que essa. Nada poderia ser mais definitivo, mais sério, mais devastador do que ver o caixão de meu filho descer, centímetro por centímetro, até finalmente repousar no fundo de uma sepultura. A sepultura de Nick. Seu lugar de descanso final. Meus braços envolvem minhas duas filhas, as lágrimas me escorrem pelo rosto, o coração está confuso e devastado. Pobrezinho de meu menino. Meu filho querido. Ouço o pastor recitando parte do versículo: "...vieram todos do pó, e ao pó todos retornarão". Um pedaço de mim está sendo enterrado. Um pedaço de meu coração. Um pedaço de minha alma. Um pedaço de mim mesmo.

No entanto, mesmo tudo isso sendo verdade, em meio à morte, em meio à dor, em meio aos soluços, percebo surgir algo, algo crescendo. Nas profundezas da escuridão, quase imperceptível, alguma coisa está se agitando para a vida. É uma esperança. Um desejo. Determinação. Embora meus olhos estejam fixos no pó, meu coração está fixo em Cristo.

O cemitério fica na periferia da cidade e, logo depois dele, está o que resta das terras cultiváveis locais. Embora a maior parte tenha caído nas mãos de empreendedores há muito tempo, alguns agricultores determinados mantiveram-se firmes e continuam cultivando seus campos. Há apenas algumas semanas, nos últimos dias de verão, quando o tempo passou de quente para frio, os seus tratores começaram a cruzar esses campos, semeando constantemente sementes frescas.

Pode ter parecido estranho os agricultores plantarem suas sementes tão tarde no ano, uma vez que a terra já começara a endurecer e seus campos logo ficariam soterrados sob grandes montes de neve. Mas os agricultores não se enganaram, pois estavam semeando o trigo de inverno. Esse trigo é plantado nos últimos dias do verão e fica enterrado nos campos durante os meses frios e escuros. No Dia de Ação de Graças, no Natal, no Ano-Novo e na Páscoa, pode parecer que foi um esforço desperdiçado. Mas os agricultores sabem bem, pois, à medida que o inverno chega ao fim, a neve derrete e o solo se aquece, o trigo ganha vida e começa a crescer. O que se semeia na estação fria e escura será uma colheita rica na estação quente e iluminada.

Jesus disse uma vez: "se o grão de trigo não cair na terra e não morrer, continuará ele só. Mas, se morrer, dará muito fruto" (João 12:24). Para haver fecundidade, deve primeiro haver morte. Quando os céticos confrontaram o antigo líder cristão, Paulo, sobre a ressurreição, ele ecoou as palavras de seu Salvador: "O que você semeia não nasce a não ser que morra" (1Coríntios 15:36). Para uma semente ou um grão germinar e crescer, ela deve primeiro ser enterrada no solo, onde todo o mundo a considera morta. Mas é mediante esse processo de "morte" que ela realmente ganha vida. Para uma semente se tornar uma planta, para dar frutos, para realmente ter vida, ela primeiro deve morrer. E o mesmo acontece com os seres humanos.

A esperança que surge no meu coração quando vejo o meu filho ser semeado na terra é a esperança da ressurreição. Não se trata de uma espécie de esperança de cruzar os dedos e fazer um desejo para uma estrela, mas de uma convicção segura e firme de que o que é semeado perecível será ressuscitado imperecível, que o que é semeado em desonra será ressuscitado em glória, que o que é semeado em fraqueza será elevado em poder.[6]

---

6 Veja 1Coríntios 15:42-43.

Creio e professo, com o meu filho e com a igreja de todos os tempos, que Jesus Cristo foi crucificado, morreu e foi sepultado. Mas também creio que no terceiro dia ele ressuscitou da sepultura, subiu ao céu e agora está sentado à direita de Deus Pai Todo-Poderoso, para em breve julgar e reinar para sempre.[7] A ressurreição de Cristo é o protótipo e a garantia de todos os cristãos, pois também o corpo de Cristo ficou sem vida, também o seu corpo foi engolido pela terra, também o seu corpo começou a se deteriorar e a sofrer os efeitos da morte. Mas ele foi como uma semente enterrada no chão, pois a nova vida logo sobrepujou sua morte. Sua alma voltou ao corpo, a respiração lhe voltou aos pulmões, o coração voltou a bater. Ele foi ressuscitado em poder, ressuscitado em glória, ressuscitado imperecível. Ele é a primícia de uma colheita vindoura.

Os agricultores que semearam os seus campos nos últimos dias do verão não se preocupam com as suas colheitas durante o inverno. Eles sabem que a semeadura e a colheita, o frio e o calor, o verão e o inverno, o dia e a noite: esses ciclos não cessam.[8] Eles esperam com paciência e confiança, sabendo que em breve as estações mudarão, o sol esquentará, o solo descongelará e o trigo de inverno que plantaram se transformará em uma enorme colheita de verão. Nesse dia, não haverá nem uma espiga sequer no campo todo que não teve de primeiro ir ao chão e "morrer" durante a longa inatividade do frio invernal.

Posso aprender com a confiança deles, pois, como a morte é o caminho para a vida de um grão de trigo, a morte é o caminho para a vida da alma de um ser humano. Posso ter a certeza de que, exatamente agora, não obstante o corpo de Nick esteja sendo semeado no chão, a sua alma entrou nos santos salões celestiais, onde não há ninguém a não ser os que foram para a glória através da sepultura.[9] Há vida após a morte, mas essa vida deve vir mediante a morte.

---

7 Parafraseado do Credo dos Apóstolos.
8 Veja Gênesis 8:22.
9 As exceções de Enoque e Elias comprovam a regra.

CAPÍTULO 6

Dormindo em Jesus

Quando Nick era pequeno, muitas vezes eu tinha de afagar sua cabeça para fazê-lo dormir. Começava passando a mão no topo de sua cabeça, onde os cabelinhos macios estavam apenas começando a crescer, depois deslizava bem devagar pela testa e suavemente pelos olhos para fechá-los. Quando chegava ao queixinho, minha mão subia de volta ao topo de sua cabeça e repetia o movimento várias vezes. Pouco a pouco, seus olhos iam ficando mais pesados, seu corpo relaxava lentamente e ele finalmente adormecia em meus braços.

A Bíblia usa diferentes metáforas para falar da realidade da morte, mas nenhuma é tão familiar e tão reconfortante quanto a do sono. Quando Jesus ouviu a notícia de que o querido Lázaro tinha morrido, disse: "Nosso amigo Lázaro adormeceu". Estêvão, ao enfrentar a ira da multidão, gritou em alta voz e depois "adormeceu". Paulo estava preocupado que a atribulada igreja de Corinto pensasse equivocadamente que os crentes falecidos pereceram e não apenas adormeceram.[10] Assim, para usar a linguagem da Bíblia, Nick "adormeceu" há pouco tempo.

Adormecido. É uma ideia reconfortante, pois o sono é um amigo da humanidade, não um inimigo. Quando estou cansado, anseio por dormir. Quando estou com saudades de casa, desejo voltar ao conforto de minha própria cama. Quando estou doente, anseio por ficar debaixo de cobertores quentes. O sono promete alívio de muito do que nos

---

10 João 11:11; Atos 7:60; 1Coríntios 15:18.

aflige e oprime. A noite e a cama acenam ao fim de cada longo dia, estendendo o caloroso convite para deitar minha cabeça cansada no travesseiro e simplesmente dormir.

Eu me apego à realidade de que Nick está dormindo. Esta peregrinação é tão difícil, a vida, tão cansativa, o nosso inimigo, tão implacável. É uma tarefa árdua travar a longa guerra contra o mundo, a carne e o Diabo e acho reconfortante saber que Nick está descansando de tudo isso. Seus fardos foram aliviados, suas lágrimas secaram e seus pés cansados agora se acalmaram. Tendo dormido ainda tão jovem, ele escapou de tanta dor de perda, tantas dores de tristeza, tantas dores do envelhecimento. Foi libertado dos pecados que o tentaram e do autodesprezo que tantas vezes o perseguiam. Ele escapou deste lugar de cansaço e foi para o lugar de descanso. Após a morte de seu primogênito, o poeta Ben Jonson escreveu:

> Deve o homem lamentar o estado que deveria invejar?
> Ter escapado tão cedo da fúria do mundo e da carne
> e, se não houver mais infelicidade, também do envelhecimento?

Por isso, "descanse", ele podia sussurrar para o seu filho:

> Descanse em terna paz e, se perguntarem, diga: "Aqui jaz Ben Jonson, sua melhor poesia".[11]

Como o Benjamin do poeta, o meu Nick está descansando. Dormindo. No entanto, sinto-me aliviado de saber que é apenas o seu corpo que dorme, não a sua alma. Embora seu corpo esteja na sepultura, sua alma partiu para estar com Cristo, o Cristo que certa vez assegurou a um moribundo: "Hoje você estará comigo no paraíso" (Lucas 23:43). Não um dia, mas hoje: neste mesmo dia! Não houve um momento perdido entre Nick adormecendo na terra e despertando no céu. Assim que seus olhos se fecharam aqui, eles se abriram lá, para ficar face a face com o Salvador de sua alma. O apóstolo Paulo insistiu que "o viver

---

11 Ben Jonson, *On My First Son*, Poetry Foundation, disponível em: www.poetryfoundation.org/poems/44455/on-my-first-son, acesso em: 19 abril 2022.

é Cristo e o morrer é lucro" (Filipenses 1:21). Há ganho na morte e é o ganho de sermos libertados de tudo o que é mau e despertados para tudo o que é bom. Eu não chamaria Nick de volta a este mundo se pudesse, pois isso seria roubar-lhe o maior de todos os ganhos e forçá-lo a viver tantas perdas.

Minha mente remonta aos dias em que Nick tinha quatro ou cinco anos de idade. Ele passava por uma fase em que de repente tinha medo de adormecer e lutava para manter os olhos abertos, para manter os sentidos atentos e permanecer acordado. A noite espreitava como um inimigo que o engoliria, não como um amigo que o acolheria. Eu sabia que seus temores eram infundados, que ele dormiria durante a breve noite e depois acordaria revigorado à luz da manhã. Mas ele era apenas um garotinho com mente infantil e imaginação intensa. Meu coração de pai se solidarizava com o dele. Eu me deitava ao lado dele em sua caminha, meu corpo pressionado contra o dele. Eu cantava para ele, orava com ele e afagava-lhe suavemente as costas até que os seus medos se acalmassem, até que o seu coração ficasse em paz, até que ele finalmente adormecesse e descansasse. Então, eu me levantava em silêncio, ajeitava os cobertores em torno dele mais uma vez, beijava sua testa sempre com muita ternura e deixava-o dormir profundamente em segurança, durante toda a noite.

Sei que Nick está apenas dormindo de novo, dormindo brevemente, pois o sono é um estado temporário, não permanente. Dormimos por um tempo, não para sempre. Descansamos durante as vigílias da noite, mas acordamos com o amanhecer. Neste momento, o corpo de Nick está descansando no pó do qual a humanidade foi formada. Pode ficar ali por meses, anos ou séculos, mas tenho toda a confiança de que chegará um dia em que o som de uma trombeta romperá o céu, quando a voz de um arcanjo sacudirá a terra e, nesse exato momento, Nick despertará.[12] Ele se levantará de seu descanso. Seu corpo adormecido será ressuscitado para se unir novamente com sua alma viva e ele ficará

---

12 Veja 1Tessalonicenses 4:16.

vivo para sempre pelas infinitas eras vindouras. Ele despertará! Viverá! "Maranata" tem sido o clamor do povo de Deus ao longo dos milênios.[13] "'Maranata'! Vem, Senhor Jesus! Vem depressa!". Vem e acorde-o do sono!

---

13 Veja 1Coríntios 16:22; Apocalipse 22:20.

CAPÍTULO 7

DEUS É BOM O TEMPO TODO

Ouvi falar de um ancião, um fiel da fé cristã, que passou da terra para o céu com a letra de uma canção infantil nos lábios: "Decidi seguir Jesus, sem voltar atrás". Ouvi o relato de um renomado teólogo que resumiu toda a obra de sua vida em uma melodia que aprendeu no colo de sua mãe: "Jesus me ama, eu sei, pois a Bíblia assim me diz".[14] Às vezes, as palavras mais simples são as mais importantes. Embora caminhemos para além das encostas teológicas, a fim de explorar as imponentes montanhas dos pensamentos e das obras de Deus, nunca esquecemos a beleza, nunca deixamos de precisar da bênção das verdades mais simples.

Já frequentei uma igreja onde era costume do pastor fazer uma pausa nas liturgias ou sermões para dizer: "Deus é bom", ao que a congregação respondia: "O tempo todo". Então, ele dizia: "O tempo todo" e a congregação respondia: "Deus é bom". Era um recital da mais simples das verdades, que a bondade não é um atributo ocasional de Deus, nem uma disposição pouco frequente, mas um atributo constante. O objetivo do pastor era nos lembrar de que a bondade de Deus não varia de acordo com as nossas circunstâncias, mas está plenamente presente e evidente tanto em nossos piores momentos quanto nos melhores,

---

14 O primeiro episódio eu ouvi há muito tempo, mas que não posso referenciar agora; a segunda é amplamente atribuída a Karl Barth.

em nossas experiências mais lamentáveis, bem como nas mais alegres. Apesar de, com o tempo, a breve frase do pastor ter-se tornado trivial, apesar das minhas queixas sobre ela naquela época, hoje, agora mesmo, nada é mais precioso para mim, nada é mais importante para mim do que: Deus é bom o tempo todo e o tempo todo, Deus é bom.

Essa não é a única verdade que me sustenta. Ouvi pessoas de luto falarem da soberania de Deus, talvez repetindo uma frase bem conhecida que a compara a um travesseiro sobre o qual um pequeno filho de Deus repousa a cabeça em perfeita paz.[15] Soberania é o poder e o direito de reinar. É o atributo de reis ou potestades ou outros em posição de supremacia. Em última análise, é um atributo do próprio Deus, que governa o céu e a terra a tal ponto que nada acontece ou pode acontecer fora de sua vontade. Não recebemos nada que não passe primeiro pela própria mão de Deus.[16] A soberania de Deus é uma doutrina abrangente que toca todos os aspectos da vida em todos os momentos da criação e em todos os confins do universo. Não há nenhum momento, nenhum lugar, nenhuma ação, nenhuma morte que esteja fora desse âmbito.

A soberania de Deus me dá conforto nesses dias sombrios. Ela me garante que não havia nenhum poder terreno, nenhum poder demoníaco, nenhum destino nem força acima ou abaixo que interferisse no caminho do meu filho, que interrompesse ou substituísse o plano de Deus para ele. Não houve um momento sequer em que Deus virou as costas ou distraiu-se com outros assuntos, ou cochilou, ou dormiu. Não houve malformação médica nem anomalia genética negligenciada por Deus. A soberania de Deus me garante que, em última análise, não foi da vontade de ninguém, mas de Deus que Nick viveu apenas vinte anos, morreu com tanta coisa por fazer, que ele partiu e deixou-nos sem ele. Quando Jó foi informado da morte de seus filhos, ele não disse:

---

15 Costuma ser atribuída a Charles Spurgeon, mas tive dificuldade em rastreá-la até a fonte original.
16 Veja "Lord's Day 10" (Q&A 27), Heidelberg-Catechism.com, Canadian Reformed Theological Seminary, disponível em: www.heidelberg-catechism.com/en/lords-days/10.html, acesso em: 19 abril 2022.

"O Senhor o deu, e *o Diabo* o levou", mas Afirmou "o Senhor o deu, *o Senhor* o levou" (Jó 1:21). E com essa certeza ele bendisse o nome do Senhor.

Contudo, embora a soberania de Deus dê consolo, ela consola apenas se eu conhecer um pouco mais de seu caráter. Afinal, Deus pode ser soberano e instável. Ele pode ser soberano e egoísta. Pode ser soberano e arbitrário. Pode ser soberano e mau. Por isso, pergunto: "O que mais é verdade acerca de Deus?"

Se reclino a cabeça em algum travesseiro nesses dias, é no travesseiro da bondade de Deus. Eu continuo dizendo: "Deus é bom o tempo todo". Posso estar dizendo isso com tristeza e perplexidade e algo menos do que fé plena. Posso estar dizendo isso em forma de pergunta: "Deus é bom o tempo todo, né?". Mas continuo dizendo. Não compreendo necessariamente como Deus é bom nisso nem por que tomar o meu filho é coerente com a sua bondade, mas sei que tem de ser. Se a morte de Nick não foi um lapso na soberania de Deus, também não foi um lapso em sua bondade. Se não houve um momento sequer em que Deus deixou de ser soberano, também não houve um só momento em que ele deixou de ser bom, bom para comigo, bom para com minha família, bom para com o Nick, bom de acordo com a sua perfeita sabedoria. É impossível Deus deixar de ser bom!

A bondade de Deus significa que tudo o que ele é e tudo o que ele faz é digno de aprovação, pois ele mesmo é o padrão da bondade. As coisas boas são aquelas que Deus considera boas, que Deus considera adequadas, que Deus considera apropriadas. Para que algo seja bom, deve ter a aprovação de Deus e, para que algo atenha a aprovação de Deus, deve ser bom.[17] Se é assim, quem sou eu para dizer que é mau o que Deus declarou bom? Quem sou eu para condenar o que Deus aprovou? Cabe a mim alinhar a minha própria compreensão de bondade com a de Deus, confiar no entendimento de Deus do que é bem para formar o meu entendimento. Em última análise, diz respeito a concordar que, se Deus fez alguma coisa, ela deve ser boa e, se é boa,

---

17 Veja Wayne Grudem, *Systematic Theology: An Introduction to Biblical Doctrine*, 2. ed. (1994; reimpr., Grand Rapids: Zondervan, 2020), p. 236-7 [edição em português: *Teologia sistemática: completa e atual*, 2. ed. rev. e amp. (São Paulo: Vida Nova, 2022)].

deve ser digna de aprovação. Dizer: "Seja feita a tua vontade" é dizer: "Que a tua bondade seja revelada". É buscar provas da bondade de Deus, mesmo na mais dura de suas providências. É adorá-lo, mesmo com o coração partido.

Há muitos anos, apostei a minha vida, a minha alma, a minha eternidade nas declarações da fé cristã. Confessei que esse Deus não é apenas *o* Deus, mas o *meu* Deus. Reconheci a soberania e a bondade dele, o seu direito de governar da maneira que considere boa, da maneira que julgue melhor. Nunca duvidei de que a soberania e a bondade de Deus se manifestaram quando ele meu deu o meu filho. Estou lutando agora para nunca duvidar de que a soberania e a bondade de Deus também se expressaram quando ele me tirou o filho. Meu filho foi um presente que recebi com tanta alegria, tanta gratidão, tanta adoração. Ele foi um presente que estou deixando ir com tanta dor, tanta tristeza, tanto sofrimento. Contudo, na medida do possível, eu o estou deixando ir com a confiança de que, de alguma forma, a sua morte é uma expressão da boa soberania de um bom Deus. Esse é o Deus que faz tudo o que lhe apraz e para quem tudo o que lhe apraz é bom. Assim como eu bendisse ao Senhor na dádiva, eu o bendirei na retirada desse presente, porque ele é bom o tempo todo e o tempo todo, ele é bom.

CAPÍTULO 8

Apenas um espectador

Não há lugar que eu ame mais do que as montanhas, nenhum lugar onde eu tenha maior consciência do poder de Deus ou senso mais elevado de sua majestade. Nem mesmo o céu noturno cintilando com uma miríade de estrelas se compara à imponente grandeza de uma montanha. Se os céus declaram a glória de Deus e o firmamento proclama a sua obra, assim também, sem dúvida, fazem as grandes cadeias de montanhas, com suas faces escarpadas, seus picos elevados e vales tranquilos. É difícil ter pensamentos grandiosos sobre mim mesmo ou ter orgulho de minhas próprias realizações quando estou em silêncio, humildemente, diante de uma evidência tão inegável do poder criador de Deus.

Acompanhados da dor e do caos de memoriais e funerais, fugimos para as Montanhas Rochosas do oeste do Canadá. Sentimos a necessidade de estar longe do nosso lar, longe das nossas memórias, longe para um tempo de reflexão, de oração, de descanso. É de manhã cedo e Aileen e as meninas ainda estão dormindo, mas acordei de madrugada para ir explorar a região. A manhã vai rompendo enquanto dirijo por uma estrada solitária, morro acima, subindo sempre em uma das muitas montanhas de Alberta. Ao ouvir um som familiar, vou para o acostamento, estaciono e saio do carro. Um riacho alpino flui nas proximidades, descendo em cascata do degelo do alto. Ele desce jorrando constantemente, dançando sobre as sólidas rochas, passando por árvores caídas e cortando sob uma trilha estreita.

Deixando o carro no acostamento, sigo o caminho descendente do riacho e percebo que às vezes desaparece nas ravinas esculpidas pela água na encosta da montanha. Às vezes, o seu som diminui à medida que desaparece do alcance dos olhos. Mas logo, com pressa, ele flui de onde estava escondido, de novo visível e audível. Quantas centenas de anos, quantos milhares são necessários para a água corroer as rochas? Quanta força deve ter? Quanta pujança?

Já fui muito longe. Não estou vestido para uma caminhada para valer, então paro e com os olhos traço o curso descendente do riacho. Muito abaixo de mim, consigo enxergar o ponto em que ele deságua no fundo do vale e se transforma em um rio que flui suavemente para um lago calmo e sereno. Observo o contraste entre a água da montanha e a água do vale, água que corre frenética e desordenada e água tranquila, plácida, calma. É a mesma água. Mas deve suportar uma dura viagem para baixo antes de poder voltar a fluir pacificamente ao pé da montanha.

Neste momento, minha alma se sente como o riacho em cascata, não como o rio tranquilo do vale. Estou profundamente perturbado, dolorosamente aflito, tristemente inseguro. As perguntas continuam se repetindo na minha mente. *Por que eu? Por que nós? Por que Deus escolheu isso para nós? Por que Deus nos escolheu para isso?*

Nos recônditos de meu coração, percebo que comecei a me culpar. Não consigo me livrar da sensação de que a morte de Nick decorre de algo que eu fiz ou algo que eu deixei de fazer, algum pecado da minha parte, alguma falta de conformidade com a lei de Deus ou alguma rebeldia contra a vontade de Deus. Li profundamente os escritores devocionais antigos, os puritanos e seus sucessores, e fico impressionado com a frequência que escrevem sobre "aflições". Muitas vezes atribuem as provações da vida ao castigo paternal de Deus, à correção divina destinada a nos distanciar de um rumo destrutivo. Afinal de contas, o Senhor não disciplina a quem ama e castiga todo filho que recebe?[18] *Será que a morte do Nick é a disciplina de Deus para comigo? Será que*

---

18 Veja Hebreus 12:6.

Nick era algum tipo de ídolo na minha vida e, para me livrar dele, Deus o levou embora? Será que tudo isso pode ser culpa minha? Estou assombrado por esses pensamentos e perguntas.

E então as montanhas me dão a resposta. Elas me lembram da minha pequenez, da minha insignificância. Eu não estou entronizado no centro do mundo e não estava entronizado no centro da existência de Nick. Ele era ele mesmo, um indivíduo por si mesmo. Mais do que meu filho, ele era filho de Deus, criação de Deus mais do que a minha procriação. A morte de Nick foi principalmente um negócio entre Deus e Nick, não entre Deus e mim. Em certo sentido, sempre fui apenas um espectador na vida dele e apenas um espectador em sua morte. Na realidade, nem mesmo Nick se entronizava no centro de sua própria existência. Ele vivia de acordo com o plano e o propósito de Deus, a fim de fazer avançar o plano e o propósito de Deus. Deus estava no centro da vida de Nick, o que significa que os propósitos de Deus estão no centro da morte de Nick. De tudo que sabemos do caráter de Deus e de sua postura em relação à sua criação e sobretudo em relação a seus filhos, esses propósitos devem ser bons, pois Deus não pode fazer mal, não quer o mal, não deseja o mal.

Isso não quer dizer que eu não gostaria de conhecer os propósitos de Deus ou que não me sinto tentado a especular. Pode ser que Deus tenha tomado Nick simplesmente por se agradar dele. Afinal, se eu me agradava do filho que recebi das mãos de Deus, quanto mais prazer deve haver no coração do Deus que o fez? Talvez Deus tenha levado Nick para o poupar de alguma coisa. Não houve tantas vezes em que eu, como pai, infligi pequenas dores ao meu filho (quem sabe, pela disciplina paterna ou pelas injeções e picadas de vacinação) para depois o poupar de um sofrimento maior? Ou será que Deus o levou para que muitos soubessem de sua fé em Cristo e se inspirassem ou para que sua família pudesse suportar bem a dor e testemunhar a graça de Deus mesmo em meio a uma perda inestimável? Em geral, o mundo não escarnece das profissões de fé em Cristo e não olha com ceticismo quando os cristãos sofrem, esperando que agora abandonem a fé que professam?

Talvez tenha sido um desses motivos ou todos eles e muitos mais, pois estou convencido de que Deus normalmente não realiza apenas uma, duas ou três coisas, mas mil, duas mil ou dez mil ao mesmo tempo. Uma mente pequena como a minha não pode ter esperança de juntar todas as peças, de desfazer a tapeçaria toda ou de entender o sentido do todo. Mas posso ter plena confiança de que tudo está de acordo com o bom plano de um bom Deus, um Deus cujo coração é sempre amor, cujo propósito é sempre amor, cujos atos são sempre amor, cuja própria natureza é amor.

A mim, portanto, não cabe assumir a culpa pelo que aconteceu, tampouco tentar identificar as razões de Deus para isso, mas tão somente aceitar como a vontade dele, sua vontade divina, sua vontade secreta, sua vontade boa. Deus pretende me ensinar muito com isso, tenho certeza. Mas eu preciso ter cuidado para distinguir os propósitos dos resultados, distinguir "por que Deus fez?" de "como Deus vai usar isso?". Tenho certeza de que ele usará isso para me preparar melhor para viver para o bem dos outros e para a glória de Deus. Usará isso para trabalhar dentro de mim mais amor, alegria, paz, paciência, amabilidade, bondade, fidelidade, mansidão e domínio próprio.[19] Usará isso para me conformar ainda mais à imagem de seu Filho. Mas não tenho necessidade de me interpor entre Deus e Nick como se fosse eu quem causou a morte dele, como se Deus o tivesse levado por minha causa. Pelo contrário, devo permitir que a sua morte me torne mais piedoso, mais santo e depois que eu ame e sirva ainda mais.

No meu íntimo, a cascata caiu no fundo do vale e desaguou em águas tranquilas. Minha alma se acalmou e um hino antigo surgiu dentro de mim, um hino de confiança, um hino de paz:

> Calma, minha alma; o Senhor está do teu lado;
> suporta com paciência a cruz da tua dor;
> deixa teu Deus ordenar e prover,

---

19 Veja Gálatas 5:22-23.

em toda mudança fiel ele sempre será.
Calma, minha alma; o teu melhor amigo do céu,
por caminhos espinhosos, conduz à terra de leite e mel.[20]

Eu me viro, refazendo meu caminho, uma canção antiga no meu coração, uma nova primavera nos meus passos.

---

20 Kathrina von Schlegel, "Be Still, My Soul", trad. para o inglês Jane Borthwick, Hymnary.org, disponível em: https://hymnary.org/text/be_still_my_soul_the_lord_is_on_thy_side, acesso em: 19 abril 2022 [Domínio público].

CAPÍTULO 9

Meu manifesto

Pela fé, aceitarei a morte de Nick como a vontade de Deus e, pela fé, reconhecerei que a vontade de Deus é sempre boa. Pela fé, ficarei em paz com a providência e, pela fé, ficarei em paz com todos os seus decretos. Pela fé, louvarei a Deus na retirada como fiz na entrega da dádiva e, pela fé, receberei de sua mão essa tristeza como tenho recebido tantas alegrias. Lamentarei, mas não resmungarei; ficarei enlutado, mas não murmurarei; chorarei, mas não lamuriarei.

Apesar da cicatriz que a morte do Nick me deixou, não serei definido por sua morte. Embora sua morte sempre fará parte da minha história, nunca se tornará a minha identidade. Serei eternamente grato por Deus ter me dado um filho e nunca me ressentirei por ele tê-lo chamado para casa. A minha alegria por ter amado o Nick será maior do que a minha dor por tê-lo perdido. Não vacilarei em minha fé, tampouco abandonarei minha esperança nem anularei o meu amor. Jamais acusarei Deus de erro.

Aceitarei essa provação como responsabilidade de um administrador dos recursos de Deus, não como um castigo que devo suportar. Procurarei o sorriso de Deus, em vez de seu olhar reprovador, ouvirei as suas palavras de bênção, em vez de sua voz de repreensão. Essa tristeza não me deixará irado nem amargo, tampouco me fará agir com rebeldia ou indignação. Ao contrário, isso me tornará mais amável e bondoso, mais paciente e amoroso, mais compassivo e solidário.

Libertará o meu coração das coisas da terra e fixá-lo-á nas coisas do céu. A perda de meu filho me fará mais parecido com o Filho de Deus, a minha tristeza me deixará mais semelhante ao Homem de Dores.

Continuarei amando a Deus e confiando nele, continuarei buscando-o e tendo prazer nele, continuarei adorando-o e orgulhando-me de suas muitas misericórdias. Aguardarei desejoso o dia da volta de Cristo e, com anelo, o dia da ressurreição. Permanecerei firme e inabalável, sempre profícuo na obra do Senhor.[21] Esquecer-me-ei do que ficou para trás e esforçar-me-ei pelo que está por vir, sempre empenhado em direção ao prêmio do chamado de Deus para o alto, em Cristo Jesus.[22] Deixarei de lado todo o peso e todo o pecado que se agarram tão estreitamente e correrei com perseverança a corrida que me está colocada, olhando sempre para Jesus, o autor e consumador da minha fé.[23] Permanecerei fiel até que tenha lutado o bom combate e terminado a corrida e mantido a fé.[24] Morrerei como vivi: seguidor de Jesus Cristo. Então, pela graça, estarei com Jesus e com Nick.

Eis o meu manifesto.

---

21 Veja 1Coríntios 15:58.
22 Veja Filipenses 3:14.
23 Veja Hebreus 12:1,2.
24 Veja 2Timóteo 4:7.

CAPÍTULO 10

Cantando em meio às trevas

"Como você está?". Já me fizeram essa pergunta inúmeras vezes nos últimos dias. Nunca sei como responder. Embora neste exato momento eu possa estar bem, é possível que, quinze minutos atrás, eu estivesse tão sobrecarregado de tristeza que mal conseguisse suportar. É possível que, quinze minutos depois, eu esteja me deleitando com a alegria de saber que meu filho está em segurança em casa, no céu. Posso ir da alegria à tristeza e voltar em instantes. Como estou? Na maioria das vezes, nem sei. E, se não sei, que esperança tenho de expressar o que sinto a mais alguém?

Encontrei ajuda em um provérbio antigo, um provérbio que fala da minha incapacidade e talvez da minha frustração com essa incapacidade: "Cada coração conhece a sua própria amargura, e não há quem possa partilhar sua alegria" (Provérbios 14:10). Entendo que ele queira dizer que algum tipo de tristeza é tão amargo, tão doloroso, tão profundo que simplesmente não pode ser comunicado a mais ninguém. Às vezes, não há palavras, literalmente. Posso insistir um pouco mais no provérbio para refletir por que é assim. Deve ser porque quem sofre a dor não consegue exprimi-la, nem para si mesmo. É o *coração* que conhece a sua própria amargura, não a mente, não a língua. Essa dor se aloja no fundo da alma e é inexprimível pela mente ou pela boca.

Mesmo eu sendo um escritor profissional e mesmo as palavras sendo minha moeda, ainda me falta a capacidade de expressar a profunda tristeza de perder um filho. Como posso exprimir a angústia de ver o meu primogênito ser baixado à cova fria, a angústia de escolher as palavras que serão gravadas na lápide do meu único filho, o tormento de saber que por, detrás de uma porta de quarto ainda fechada, estão todas as evidências de uma vida vivida e perdida? Como posso dizer o que significa que a doce noiva dele jamais será a minha nora, que nunca poderei segurar os filhos do meu filho, que envelhecerei sem aquele que prometeu cuidar sempre de mim? Na verdade, a tristeza não só ultrapassa qualquer descrição, mas também ultrapassa meu próprio entendimento.

Apesar disso, estou confiante de que há alguém que entende o que eu não consigo entender. Deus se revela como o bom Pai que sonda e conhece os recônditos mais profundos do meu coração. Seu Filho é o próprio Homem de Dores, que conhece intimamente a dor e pode ser solidário com todas as minhas fraquezas. E o seu Espírito, tenho certeza, intercede com gemidos inexprimíveis, profundos demais para palavras.[25]

Descobri consolo especial nesses gemidos do Espírito, pois muitas vezes sou incapaz de fazer pouco mais do que gemer, suspirar e soluçar. As minhas orações costumam ser desprovidas de palavras, mas ainda cheias de significado, cheias de sentido. Às vezes, o melhor que posso dizer é: "Senhor! Senhor! Tu sabes". As palavras são simples, claras e monossilábicas, mas emergem das profundezas de minha alma. É uma bênção ter a certeza de que o Espírito se empenha em me ajudar na minha fraqueza. É um conforto saber que ele está comprometido em entender e interpretar o que para mim é inexprimível. É consolador saber que Deus se importa, que Deus ouve, que Deus sabe.

O coração conhece a sua própria tristeza, a sua própria amargura, diz o provérbio. Mas tristeza não foi a minha única experiência. Longe disso! Uma das realidades do luto como cristão é a coexistência de picos de alegria ao lado de vales profundos de tristeza. Eles caminham lado a lado, como dois riachos que fluem de um cimo comum e viajam pelo mesmo vale, mas nunca se tocam, nunca desaguam no mar para serem um. O provérbio reconhece isso, pois me lembra que o que

---

25 Veja Jeremias 17:10; Isaías 53:3; Romanos 8:26

vale para as tristezas também pode valer para as alegrias. Assim como não consigo descrever adequadamente a tristeza, também não consigo descrever adequadamente a felicidade. Como eu poderia expressar meu prazer de saber que Nick está na presença de Deus, meu orgulho por ele ter terminado bem sua corrida, meu prazer em ouvir tantas pessoas falarem de seus atos gentis e de seu caráter piedoso? Tanto o riso quanto as lágrimas estão além da minha capacidade de descrever, não apenas para os outros, mas até para mim mesmo.

Por mais que as correntes de alegria e tristeza corram em paralelo, elas não são idênticas. O fluxo de alegria é mais como um riacho suave, enquanto o fluxo de tristeza é como um rio furioso. É a tristeza, não a alegria, que ameaça me dominar, puxar-me para o fundo e arrastar-me para baixo. Nunca tive de me lembrar de temperar minha alegria com tristeza, mas muitas vezes tive de procurar a luz em meio às trevas. Nessa dicotomia, Charles Spurgeon nos ajuda, porque certa vez ele pregou um sermão sobre aquele provérbio e observou que Deus prometeu ao seu povo que as alegrias sempre acompanharão suas tristezas, pois "quanto mais profundas as águas, mais alto a nossa arca se eleva em direção ao céu. Quanto mais escura a noite, mais valorizamos a nossa lâmpada. Aprendemos a cantar no escuro com o espinho no peito".[26]

Assim, continuo cantando no escuro, com a lâmpada do Senhor iluminando o caminho. Apesar da dor, apesar da tristeza, apesar da perda, a minha vida continua. Tem de continuar. Eu sei que nunca vou superar isso, mas preciso seguir adiante, pois não recebi uma cláusula de isenção que me liberte daquilo para que Deus me chamou.[27] Ainda sou pai, marido, pastor, amigo e vizinho. Embora Nick tenha sido levado, eu fui deixado. Embora sua corrida esteja completa, a minha continua. Essa perda me marcou, mas não me define. Ainda é preciso viver a vida. Ainda é preciso cantar canções.

---

26 Charles Spurgeon, "Man Unknown to Man", *Metropolitan Tabernacle Pulpit*, vol. 35, 14 de abril de 1889, The Spurgeon Center, disponível em: www.spurgeon.org/resource-library/sermons/man-unknown-to-man, acesso em: 19 abril 2022.
27 Minha gratidão dirige-se a Chris Mouring, que, em correspondência privada, fez a distinção entre "continuar com isso" e "superar isso".

CAPÍTULO 11

Temo a Deus e tenho medo dele

O temor do Senhor é o princípio da sabedoria.[28] E o temor não é só o início da sabedoria, mas também da vida cristã. A Bíblia deixa claro que, para amar a Deus, honrá-lo e obedecê-lo, é preciso antes temê-lo. Mas "temor" é uma palavra com muitas facetas, muitas definições. Como devemos temer a Deus?

Os teólogos há muito distinguem entre o temor de um servo e o temor de um filho. O servo naturalmente, e com razão, temerá um senhor que tenha a inclinação de atingi-lo com toda sua ira. O servo rastejará e implorará para evitar estar na mira do chicote de seu senhor, para ser poupado de um sofrimento duro e injusto. O temor de um filho não poderia ser mais diferente. O filho respeitável também natural e justamente teme um pai bondoso e amoroso, mas a sua motivação não é o medo das consequências, mas, sim, o desejo de não causar vergonha e reprovação àquele a quem ele ama. Se sente ansiedade, não é por medo de tortura ou punição, mas por medo de desagradar e desonrar o pai, que tantas vezes e tão ricamente provou o seu amor.[29]

Eu temia a Deus dessa forma desde que eu era jovem. Na minha infância, meus pais fizeram dos provérbios parte da minha dieta espiritual, de modo que eu sempre soube da importância de ter um temor

---

28 Veja Provérbios 9:10.
29 Veja R. C. Sproul, *Now, That's a Good Question!* (Wheaton: Tyndale, 1996), p. 17-8 [edição em português: *Boa pergunta!* (São Paulo: Cultura Cristã, s.d.)].

saudável de Deus. Ensinei aos meus próprios filhos: "Como é feliz o homem que teme o Senhor e tem grande prazer em seus mandamentos!" (Salmos 112:1). Para honrar a Deus, devemos temê-lo, ter a noção profunda e permanente do poder, da majestade, da santidade e da pura alteridade de Deus. Vivemos melhor quando vivemos com um temor saudável de Deus.

Então, sim, eu temo a Deus. Hoje em dia, porém, também me vejo com medo de Deus. Eu o temo no sentido de avaliar corretamente o seu poder, as suas capacidades e a sua soberania. Mas também tenho medo dos meios com que ele pode exercê-los. Afinal, há pouco tempo, Deus exerceu a sua soberania levando o meu filho para si. A minha vida de tranquilidade e privilégio foi interrompida por uma perda tão grande que nunca me teria permitido sequer imaginá-la. Em um momento, Deus desferiu um golpe que me abalou, que quase me esmagou.

Deus tem o direito de me tirar o Nick. Eu sei disso. Confirmo isso. O Deus com a capacidade de dar é o Deus com o direito de tirar. Assim como fiquei ansioso para receber Nick como um presente das mãos de Deus, também não posso e não vou ficar ressentido com o mesmo Deus por tê-lo tomado de volta. Do mesmo modo que Jó, eu bendisse o nome do Senhor quando recebi o presente e ainda o bendirei quando o tira de mim.

Mas é a capacidade e a disposição de Deus para tirar que me deixa com medo. Porque, se a vida de Nick era tão frágil que podia terminar em um instante sem causa ou explicação óbvia, por que não a vida de outros que são preciosos para mim? Se Deus me chamou para sofrer esse golpe, por que não outro? Se Deus levou o meu amado filho com tanta rapidez, com tanta facilidade e tão peremptoriamente, o que mais ele poderia levar? Quem mais ele poderia levar? E como eu poderia suportar uma perda dessas?

Particularmente, não sou propenso à ansiedade, à inquietação e a medos irracionais, mas nesses dias me vejo vivendo com a sensação de que algo ruim está prestes a acontecer ou, pelo menos, pode acontecer. Há uma nuvem no horizonte, uma trilha sonora cujas notas se tornam presságios, passos alarmantes que se aproximam na escuridão.

Não quero deixar as minhas filhas fora do alcance dos meus olhos. Não quero que Aileen se aventure a ir a lugar nenhum sozinha. Não quero que nenhuma delas se exponha ao menor risco. Estou nervoso. Estou com medo. Estou em estado de alerta o tempo todo. Tenho certeza de que parte de minha dor é por perdas que só imagino, perdas que sequer aconteceram e provavelmente nunca acontecerão.

É tolice pensar que eu poderia de alguma forma evitar essas perdas agindo de forma controladora. É irracional. Nick era o mais cauteloso de nossos filhos e não estava correndo riscos quando a sua vida chegou ao fim. Não houve ligação entre o que ele estava fazendo e por que ou como Deus o levou. E sabemos que, uma vez que Deus determinou que o tempo de Nick acabara, não havia médico que o pudesse reanimar, nenhum procedimento que pudesse reiniciar seu coração, nenhum remédio que o pudesse trazer de volta. É verdade para todos nós que nada pode acabar com nossa vida antes do momento ordenado por Deus e, portanto, nada pode salvá-la.

Ainda assim, tenho receio. E quando sou franco comigo mesmo, reconheço que é de Deus que tenho medo. Tenho medo do que mais ele pode exigir que eu faça. Medo de que outras formas ele possa usar para exercer sua soberania. Tenho medo do que mais ele possa querer que eu suporte. Não que eu fique aborrecido ou desconfie dele. Pelo menos, acho que não. Estou admirado da capacidade e da disposição dele de fazer a sua vontade. Mas também me sinto intimidado por isso, com medo do que pode tirar de mim.

A realidade talvez seja que temo a Deus de um jeito novo e que algum tipo de inocência se estilhaçou. Antes da morte de Nick, eu entendia que Deus tinha poder, mas agora eu *sei* que ele tem poder. Antes, eu entendia que Deus exerceria seu poder me dando o que eu amo, mas agora entendo que Deus também exerce seu poder tirando o que eu amo. Antes, a vida era fácil, porque a soberania de Deus sempre parecia inclinada para as coisas que eu queria, mas agora a vida é difícil, porque vejo que a soberania de Deus também pode estar inclinada para as coisas que eu temo, as coisas que eu nunca desejaria.

Decido me submeter a essa soberania, a continuar orando: "Seja feita a tua vontade". No entanto, mesmo quando oro, estremeço um pouco. Oro as palavras com pouca fé e com alguma hesitação. Oro usando essas palavras, porque sei que são as palavras certas para orar e porque eu realmente quero que Deus aja de acordo com elas. Mesmo quando recito essas palavras, pelo menos algumas vezes, sinto algum pavor. Porque sei que Deus *cumprirá* sua vontade não importa o que me dê nem o que me tire. É da perda que sinto medo. Mas, por trás da perda, há quem tira e esse alguém é Deus.

Inverno

CAPÍTULO 12

VOLTANDO A ENCARAR O SOL

O inverno chegou ao Canadá. Agora, os dias são curtos. O ar ficou frio. A primeira neve polvilhou o chão. A atividade ao ar livre deu lugar à letargia do lado de dentro. Usamos mais cobertores na cama, substituímos os lençóis de algodão pelos de flanela, tiramos os pijamas quentes de inverno do fundo do guarda-roupa. Os chapéus, as luvas e os lenços estão prontos perto da porta. O fogo dança na lareira enquanto nos instalamos para esperar outro frio e longo inverno.

Nós, que vivemos em clima frio, merecemos perdão por pensar que o sol é mais frio no inverno do que no verão, que deve funcionar com uma espécie de termostato que pode diminuir por um tempo, ou que, durante estes meses, deve se virar para concentrar o calor em outra parte do nosso planeta. Mas a verdade é que, durante todas as estações, o sol permanece no centro do nosso sistema solar; em todas as épocas, brilha a uma temperatura constante. O que muda não é o sol, mas a nossa posição em relação a ele. É a inclinação e a rotação da terra que nos dão as estações, às vezes fazendo que o sol bata diretamente em sua superfície e outras vezes que ele a atinja como um golpe de raspão. O ângulo do sol é baixo no inverno canadense, o que torna os dias curtos, as noites longas e o ar frio.

Enquanto suporto este tempo de dor e trauma, às vezes sou tentado a achar que Deus se afastou de mim ou virou o rosto. Às vezes, sinto como se o amor de Deus por mim tivesse esfriado. Talvez tenha voltado sua atenção para outro lado ou recusou seu afeto a mim. Contudo, depois, penso no nosso planeta, penso no nosso sol e penso no nosso Deus.[30] Certamente, ele não é um Deus que abandona o seu povo quando este precisa dele, quando seus filhos quando clamam por ele. Certamente, ele não é um Deus menos presente quando mais se faz necessário. Ele promete que os seus olhos estarão sobre nós e o seus ouvidos, voltados para nós; por isso, quando clamamos, ele ouve e salva. Ele promete que está perto dos quebrantados e salva os abatidos de espírito.[31] Não é assim que está o meu espírito? Meu coração não está partido? Não estou aqui suplicando? Então, sem dúvida, Deus está próximo. Certamente, ele não se afastou. Certamente, ele não está ignorando os meus clamores.

Se tenho a sensação de que Deus se tornou distante ou frio, não é mais provável que eu tenha mudado, e não Deus? Isso com certeza não se pode atribuir ao Pai das luzes, em quem não há variação nem sombra de mudança, certamente não para aquele que proclama com muita clareza: "Eu, o Senhor, não mudo", para o que promete que permanecerá constante mesmo que o céu e a terra passem; ele é o mesmo ontem, hoje e sempre.[32]

Estou certo de que o calor voltará a esta terra, pois Deus prometeu que, enquanto a terra existir, o tempo de semear e o tempo de colher, o frio e o calor, o verão e o inverno, o dia e a noite não cessarão.[33] A neve derreterá, o solo descongelará, os pássaros retornarão aos céus e as plantas brotarão do solo. O branco frio e o cinza desolado darão lugar ao verde viçoso, ao vermelho brilhante e ao azul cálido. Tudo isso começa a se desenvolver, não quando o sol muda, mas quando a terra completa uma volta, e este solo fica de frente para a plena luz do sol, para toda a intensidade de seu calor.

---

30 Essa ilustração foi inspirada em Theodore L. Cuyler, *Wayside Springs from the Fountain of Life* (London: Hodder & Stoughton, 1883), p. 101-6.
31 Veja Salmos 34:15, 18.
32 Veja Tiago 1:17; Malaquias 3:6; Hebreus 13:8.
33 Veja Gênesis 8:22.

Também tenho de mudar meu ângulo, meu comportamento, minha atitude. Entendo que tenho confiado demais em meus sentimentos e que devo submetê-los aos fatos, à verdade, ao que é sumamente mais digno de confiança. Meus sentimentos giram como a terra; minhas emoções vêm e vão como as estações do ano. Mas a verdade é estável e constante como o sol. Quando me concentro no que é verdadeiro, entendo que Deus está presente comigo. Ele está presente desde o momento em que ouvi a terrível notícia; ele está presente comigo agora; estará presente comigo até o dia em que finalmente enxugará minha última lágrima. Ele esteve presente comigo sobretudo mediante seu Espírito e seu povo.

Quando Jesus se preparava para deixar os seus discípulos há tantos séculos, prometeu que, em sua ausência, enviaria o Espírito Santo. Ele foi fiel à promessa e o Espírito agora reside no povo de Deus como nosso auxiliador, consolador, conselheiro: *meu* auxiliador, *meu* consolador, *meu* conselheiro.[34] E sei que ele tem cuidado de mim, atraído os meus pensamentos e iluminando o meu coração para as verdades da Bíblia, as suas doces bênçãos, suas preciosas promessas, suas garantias consoladoras. A verdade nunca foi tão querida, tão importante, tão reconfortante quanto agora. Agarro-me a ela, repetindo-a, pregando-a à minha própria alma. Como quem está prestes a morrer espreme um pano úmido para conseguir suas últimas gotas de água preciosa para sua língua ressecada, estou espremendo a Palavra para obter cada gota de conforto que ela pode me proporcionar. E do seu modo precioso e interior, o Espírito está ministrando tudo para mim.

Do mesmo modo que tem estado presente pelo seu Espírito Santo, Deus tem estado fisicamente presente por meio de seu povo. Meus irmãos e minhas irmãs têm estado ao meu redor e me amado como nunca fui amado antes. Eles oram por mim e choram comigo, suportando meus fardos e suprindo minhas necessidades. O mesmo Jesus que envia o Espírito se refere à igreja como o seu corpo e esse corpo tem sido suas mãos, seus pés, seus braços e sua boca. Eles têm feito o trabalho dele, cumprem a missão dele, ministram o consolo

---

34 Veja João 14:26.

dele, proferem as palavras dele. A voz de Deus tem sido a voz do seu povo; os braços de Deus, os braços do seu povo. Ele estava presente quando as mãos estendidas forneciam comida, quando me ofereciam os ombros para chorar. "Já fui jovem e agora sou velho", testemunhou Davi, "mas nunca vi o justo desamparado, nem seus filhos mendigando o pão" (Salmos 37:25). Nem falta de consolo divino em suas aflições mais profundas.

Para a terra mudar do inverno para o verão, para ir da latência à fertilidade, precisa se voltar para a fonte do calor, a fonte da vida. Deve virar-se para o sol. Eu também, quando estou frio e sem vida, quando estou triste e abatido, tenho de me voltar para o Deus da luz e da vida, porque ele mesmo é sol e escudo que concede favor e honra, que não nega nenhum bem aos que andam honrosamente, aos que nele confiam.[35] Devo enfrentar aquele que nunca me deixará, nunca me abandonará. Ó Deus, ajuda-me a virar-me e a aquecer-me no calor do Filho![36]

---

35 Veja Salmos 84:11.
36 Veja Malaquias 4:2.

CAPÍTULO 13

"Ajuda-me a vencer a minha incredulidade!"

É um dos episódios mais comoventes da vida de Jesus. Um pai desesperado foi a ele em busca de ajuda, pois tinha um filho que sofria de possessão demoníaca desde a infância. Um espírito imundo não só deixara o garoto mudo, mas também o convulsionava, atirando-o ao chão, onde ficava rígido, rangendo os dentes e espumando pela boca. Às vezes, jogava-o no fogo e na água, o que poderia ser muito grave para ele. É difícil imaginar uma criatura mais digna de misericórdia do que esse jovem. Ou uma figura mais angustiada do que seu pai.[37]

Ora, esse pai está diante de Jesus e, atormentado, pede ajuda, misericórdia e livramento. "Se podes fazer alguma coisa", ele clama, "tem compaixão de nós e ajuda-nos" (Marcos 9:22). Jesus pinça uma única palavra: "se". Ele se concentra nela, repete-a e enfatiza-a. "*Se* podes?", ele repete com certa descrença. "Tudo é possível àquele que crê" (Marcos 9:23). O pai responde com palavras fielmente sinceras, sinceramente fiéis: "Creio, ajuda-me a vencer a minha incredulidade!" (Marcos 9:24). Ele tem um pouco de fé, ele sabe, mas não tanto quanto gostaria de ter. Ele confia em Deus, mas sua confiança é misturada com incerteza. Ele tem confiança, mas também tem dúvidas. "Ajuda-me a vencer a minha incredulidade", ele implora. "Ajuda-me!"

---

[37] Veja Marcos 9:14-29.

Sei exatamente o que se passa com esse pai. Eu me identifico com ele. Reconheço a existência da sua fé, mas também a sua insuficiência. O meu clamor também muitas vezes é: "Creio, ajuda-me a vencer a minha incredulidade!". Mas, quando aquele pai desesperado se preocupava com o que estava acontecendo ao corpo do filho, preocupa-me o que aconteceu à alma do meu filho. Aquele pai estava preocupado com o que via, mas este pai está preocupado com o que não consegue ver: *Onde está meu filho? Pelo que ele está passando? Como posso saber se ele está bem?*

A mesma Bíblia que conta esse episódio da vida de Jesus descreve os seres humanos como sendo corpo e alma. Ela afirma o que sabemos ser verdade, que somos mais do que o nosso ser físico. Uma parte de nós é imaterial e imortal, uma parte que permanece mesmo quando o nosso corpo morre. Nesse caso, posso ter certeza de que, quando o corpo do Nick caiu no chão, a sua alma continuou vivendo. Mas o que aconteceu a ela? Onde está a alma dele? Onde ele está?

Fui criado cercado de credos, confissões e catecismos, meios de resumir de forma concisa grandes áreas de ensino bíblico, e, desde a juventude, ensinaram-me que, após a morte, "a alma não morre nem dorme, porque tem subsistência imortal, retornando imediatamente para Deus, que a deu".[38] Não obstante os batimentos cardíacos de Nick tenham se extinguido naquele dia, sua alma não se extinguiu. Se a confissão está correta, a parte dele que permanece foi convocada à presença de Deus. Mas e depois? Certamente, nem toda alma é recebida com alegria, pois algumas pessoas passaram a vida se rebelando contra Deus, negando a própria existência dele, talvez até destruindo pessoas feitas à imagem dele.

A confissão prossegue dizendo que "a alma dos justos se aperfeiçoa em santidade e é recebida no paraíso, onde estão com Cristo e contemplam a face de Deus, em luz e glória, aguardando a plena redenção de seus corpos". A alma dos justos é bem-vinda nesse lugar que

---

38 "1689 Baptist Confession, chapter 31", ARBCA, disponível em: www.arbca.com/1689-chapter31, acesso em: 19 abril 2022.

conhecemos como "céu", o paraíso onde o povo de Deus aguarda o dia em que Jesus Cristo voltará à terra, quando Deus criará um novo céu e uma nova terra, um novo mundo livre do pecado, da doença e da morte. Será que Nick estava entre os "justos", que tiveram o privilégio de ser aperfeiçoados na santidade e de ser recebidos nesse paraíso? Certamente estava, pois ele havia confessado seus pecados e sua iniquidade; ele havia depositado sua fé em Jesus Cristo; recebera a justiça de Jesus Cristo como um dom da graça. Ele não era um homem perfeito, mas tinha sido perdoado pelo homem perfeito.

Por isso, de acordo com essa confissão de fé — que resume os ensinamentos da da Bíblia —, tenho todas as razões para acreditar que Nick está no céu, que agora ele é mais santo do que nunca e, portanto, mais feliz do que nunca. Tenho todas as razões para acreditar que ele está na presença do próprio Deus. Tenho todas as razões para acreditar que ele estará lá me esperando quando chegar o momento de eu me juntar a ele. Eu creio nisso! Creio! Eu creio!

Mas, se eu creio, por que às vezes não creio ou, pelo menos, por que às vezes não creio tanto quanto gostaria? Por que minha fé às vezes se mistura com a dúvida? Por que algumas vezes tenho de me obrigar a acreditar nisso? Por que às vezes creio não porque eu esteja plenamente convencido disso, mas porque a alternativa está além do que posso suportar? *Ó Deus, quando preencherás o que falta em minha confiança? Quando me darás a fé que eu não tenho? Creio! Ajuda-me a vencer a minha incredulidade.*

CAPÍTULO 14

O QUE FAZER COM O LUTO?

Ela é tão grande e ao mesmo tempo tão pequenina, tão adulta e tão jovem, tão frágil e tão forte, tão destemida e tão abatida. Hoje ela se esparramou no meu colo, com a cabeça no meu ombro e suas lágrimas caindo feito cascata no meu peito. "Sinto muita falta dele", soluça. O irmão que era o seu amigo mais querido, o seu confidente. O irmão que a ouvia com tanta paciência, que a orientava com tanta habilidade e amava-a com tanta afeição. O irmão que caiu no chão diante dos seus olhos, o irmão por quem ela não pôde fazer nada para ajudar, o irmão cuja vida se esvaiu diante dela. Eu teria ficado muito triste de saber que ela vira um estranho morrer; mas meu coração se despedaça ao saber que ela viu o seu próprio irmão morrer.

Uma canção antiga diz que o amor é uma coisa muito esplendorosa, pois ele tem muitos aspectos, muitos tons, muitas facetas. Tem muitas características para observar, muitas maravilhas para contemplar. Há tantas coisas vinculadas ao amor que nenhum de nós consegue vivê-las em todas as suas formas e em todas as suas glórias. O amor de uma mãe é diferente do amor de um pai e o amor de um pai, do amor de um filho. O amor de irmã é diferente do amor de irmão, amor de amigo, do amor de um estranho. O amor de Deus supera a todos esses. Muitos esplendores, de fato.

Estou aprendendo que o que é verdadeiro para o amor é igualmente verdadeiro para o luto, pois ele também tem muitos aspectos, muitos tons e muitas facetas. A dor de uma mãe é diferente da dor de um pai e a dor dos pais é diferente da de um irmão. Esse luto é vivido de forma diferente por cada indivíduo e manifesta-se de formas profundamente pessoais. Os chorões choram, os cismados ruminam, os emotivos se emocionam, os pensadores refletem, os extrovertidos tagarelam e os introvertidos ponderam. Alguns negam e outros aceitam, alguns seguem adiante e outros estacionam, alguns não conseguem parar de pensar no acontecido e outros não conseguem sequer pensar nele.

Assim, enquanto vivemos o luto como indivíduos, também o vivemos como família, pois nossa perda é comum e compartilhada. Nick foi arrancado de nós, do nosso grupo familiar, da nossa casa. As dores se agravam de tal modo que, à minha própria tristeza, somo a tristeza de ver a minha esposa lamentar a morte do filho, de ver minhas filhas chorarem pelo irmão que se foi. Eu protegeria as minhas meninas de qualquer dor ou tristeza, se eu pudesse. Mas não há nada que eu possa fazer para protegê-las da tristeza nem para tirá-la delas. A tristeza é tão grande e assume tantas formas. Já seria bastante difícil superar essa dor, mas também tenho de ajudar e orientar minha esposa e minhas filhas. Elas nunca precisaram tanto de mim quanto agora. Nunca tive maior responsabilidade do que neste momento de luto profundo. Preciso estar disponível para elas, para lhes ministrar a verdade e interceder por elas.

Recentemente, acrescentei o título "luto" às minhas listas de oração por Aileen e as meninas, mas descobri que, na verdade, não sei pelo que orar. Não sei qual é o objetivo. Verdadeiramente, não sei qual o destino que quero pedir para elas. Sei o que fazer com o pecado: "Façam morrer tudo o que pertence à natureza terrena de vocês" (Colossenses 3:5), diz o apóstolo. Portanto, o pecado deve ser condenado à morte. Sei o que fazer com a virtude: "Como povo escolhido de Deus [...] revistam-se de profunda compaixão, bondade, humildade, mansidão e paciência" (Colossenses 3:12). Portanto, deve-se revestir-se da virtude. Eu sei o que fazer com o pecado e com a virtude, mas o que fazer com a dor? Devo orar para que elas superem a dor? Que elas aprendam a conviver com ela? Que se levantem da dor? Que saiam de seu domínio? Que deixem-na para trás? Elas devem abraçar o luto ou combatê-lo, aceitá-lo ou rejeitá-lo? Certamente, posso orar para que Deus as console e tenho muita confiança de que consolará. Mas, sem dúvida, eu deveria orar por mais do que isso. Certamente, há algumas atitudes que elas podem tomar, algumas palavras que posso orar em favor delas.

Talvez eu precise primeiro estabelecer em minha mente a natureza do luto. Ele é uma emoção ou um sentimento? É uma coisa ou um ser? Seria um estado ou um pecado, uma origem ou um destino? Estou começando a entender o luto como uma reação e um processo, uma reação às circunstâncias e um processo que começa com uma provação dolorosa ou uma perda profunda. E, embora eu esteja menos certo do destino, penso que deve ser aceitação, submissão, paz e esperança.

Assim, eu me pego orando para que Aileen e as meninas aceitem a morte de Nick como a boa e perfeita vontade de Deus, mesmo que também seja sua inescrutável e difícil vontade. Oro para que elas se ajoelhem diante do Rei em seu trono, submetendo-se a ele e ao seu direito de governar o seu mundo à sua maneira. Oro para que a paz de Deus, que excede todo o entendimento, acalme o coração e tranquilize a alma das minhas meninas. E oro para que elas conheçam a esperança segura de Jesus Cristo e de seu precioso evangelho, a esperança de que Nick está com Cristo e que, se perseverarem até o fim, estarão também com ele. Oro para que essa aceitação e submissão produzam doce paz e esperança duradoura.

E depois, inspirado pelo apóstolo Paulo, vejo-me orando para que se esqueçam, lembrem-se e prossigam. Oro para que se esqueçam do luto, no sentido de se recusarem a serem definidas por ele ou tornarem-se inúteis para os propósitos do Senhor por causa dele. Oro para que elas se lembrem do luto delas no sentido de que agora ele faz parte de sua história, uma parte que as preparou para servirem mais e melhor a Deus. E oro para que elas prossigam em meio ao luto, com o coração quebrantado pela perda, as mãos ajustadas pelo sofrimento, os pés caminhando pela fé e os braços projetados para a frente, sempre prosseguindo em direção ao alvo, para o prêmio para o qual Deus as está chamando rumo ao céu.[39]

---

39 Veja Filipenses 3:13-14.

CAPÍTULO 15

Olhos em lágrimas, coração jubiloso

Decidimos visitar o Nick. "Visita ao Nick", assim começamos a chamar esse evento de passarmos um tempo ao lado de seu túmulo. "Ir ao cemitério" está muito ligado ao lugar, não à pessoa; por isso, é muito impessoal, muito abstrato. "Prestar os nossos respeitos" é outra opção, mas parece muito formal para definir a ida ao local onde se encontra o corpo de nosso filho. Por isso, "visita ao Nick" será o evento desta manhã de Natal.

Dormimos um pouco, depois tomamos café da manhã e abrimos os presentes. Até esse ponto, foi como qualquer outro Natal dos últimos vinte anos, exceto pela ausência do garoto e por algumas lágrimas. Agora, com essas tradições bem características atrás de nós, entramos nessa calmaria entre a nossa rotina matinal e a nossa ceia de Natal. Logo, de forma bastante espontânea, vestimos os nossos casacos e calçamos as botas, as luvas, pusemos os chapéus e fizemos a curta viagem de carro.

A neve cobria a cidade; começara depois do anoitecer na véspera de Natal e terminou logo no alvorecer da manhã de Natal. Cobria o solo, é claro, mas também todos os telhados e todos os carros. Agarrava-se a cada ramo de cada árvore. É o Natal mais branco e mais puro que já presenciamos. Uma bênção especial de impressionante beleza.

Chegando ao cemitério, percebemos que não somos os únicos hoje a visitar um ente querido. As trilhas que levam a uma sepultura ou outra costumam ser, às vezes, um único e distinto conjunto de pegadas de botas na neve, às vezes, um amontoado de pegadas pequenas e grandes juntas. Algumas pessoas deixaram cartões, depositaram grinaldas ou acenderam velas. Uma pessoa teve o cuidado de limpar um canteiro e deixar nitidamente visível um pedaço retangular de grama adormecida do inverno contrastando com a neve ao redor. Nós abrimos um caminho novo para a sepultura mais distante, a mais nova, aquela que foi inaugurada há tão pouco tempo que ainda não tem uma lápide, tampouco uma identificação. A espessa camada de neve nos impede de ver a interrupção onde um buraco foi cavado e depois mal preenchido. Mas reconhecemos o local.

Ficamos parados ali por um tempo, de braços dados, com as lágrimas escorrendo pelo rosto e salpicando na neve. Tentamos falar, mas o que dizer? Antes de chegarmos, pensei que oraria, agradecendo a Deus pelo precioso presente que nos deu, um homem tão bom, um filho tão leal, um cristão tão comprometido. Mas, agora que estamos aqui, não tenho palavras. Quando tento abrir a boca, pouco sai além de soluços entrecortados. Mas estou confiante de que Deus ouve as orações que não consigo proferir. Ele sabe o que é perder um filho.

Trouxemos uma espécie de presente: raminhos de poinsétia, que, nas últimas semanas, trouxeram sua alegria invernal para a nossa sala de estar. Então, ajoelhamo-nos ao lado da sepultura e depositamos com cuidado os nossos presentes sobre a neve intacta. Eles vieram do calor de nossa casa para o frio deste lugar. Seus pequenos salpicos de vermelho e verde vivos contrastam com o brilho ofuscante da neve. Não é muito, mas é algo. É de nossa casa. É do nosso coração.

Pensamos em nosso filho e em nossa missão divina de criá-lo na disciplina e nos ensinamentos do Senhor.[40] Pensamos no bebezinho que trouxemos do hospital há tanto tempo em uma bela manhã de março. Pensamos no garoto que despertou para o estado perigoso de sua alma e depositou sua fé em Jesus Cristo. Pensamos no adolescente que se tornou tão bondoso, tão humilde e um crente tão verdadeiro.

---

40 Veja Efésios 6:4.

Pensamos no jovem que correu muito bem a sua curta corrida. Pensamos no filho que agora está seguro no lar celestial. "Fizemos o que Deus nos chamou para fazer", sussurro. "Pela graça", Aileen completa.

Mesmo que o rosto não demonstre, nosso coração sorri. Voltamos e refizemos o nosso percurso de volta à estrada, de volta ao carro, de volta ao Natal. Agora, acrescentamos uma nova tradição às nossas antigas.

CAPÍTULO 16

A ORAÇÃO QUE NÃO CONSEGUI FAZER

Pai celestial, esta é a última reunião de nossa semana de oração de Ano Novo, a noite em que nos dedicamos às orações de agradecimento. É um encontro virtual e, na tela do computador à minha frente, vejo o rosto das pessoas que amo, em cada quadradinho um dos queridos irmãos e irmãs que juntos formam a Grace Fellowship Church. Um por um, oram expressando suas palavras de gratidão, palavras de louvor pelo ano que chegou e se foi. E que ano foi este! Um ano de pandemia e incerteza, um ano de restrições e separações. Foi um ano difícil para todos desta igreja e sinto-me animado quando ouço cada um se lembrar de tuas misericórdias e render-te louvores de gratidão.

Quero orar. Sinceramente, quero dar o sinal, esperar minha vez e ativar meu microfone, mas percebo que não consigo. Quero expressar minha gratidão, pois estou muito grato por tanto, mas o nó na garganta e as lágrimas nos olhos me dizem que não tenho condições neste momento. Então, suplico, ouça esta oração enquanto a digito neste computador.

Este foi um ano difícil, Senhor, o mais difícil que já tive. Tu o sabes bem, pois nada que tenha acontecido nele escapou de teu conhecimento. Não houve um instante sequer em que estiveste ausente, nem um momento em que viraste as costas. Meus dias mais brilhantes e os mais sombrios foram igualmente, cada um, plenamente conhecidos por ti. Tu sabias que eu começaria o ano chorando pela perda de meu pai.

Sabias que eu terminaria o ano chorando pela perda de meu filho. Tu sabias que, entre um momento e outro, eu e o restante do mundo enfrentaríamos a confusão e a incerteza de uma pandemia. Tu sabias que eu passaria semanas e meses isolado em quarentena, confinado. Tu sabias que muito de meu luto seria na solidão: poucas pessoas, poucas visitas, poucos abraços. Tu sabias. No entanto, tu sabias também que, em meio a tudo isso, eu experimentaria muito de tua misericórdia, muito de tua graça, muito de teu amor. Tu sabias que, repetidas vezes, tu te mostrarias bom e muito bom. E sou imensamente grato.

Visitei o Nick hoje, como faço todos os domingos. E, enquanto eu estava parado diante do seu túmulo, diante daquele pedaço de terra revolvida onde se encontra o seu corpo, senti gratidão. Mesmo em meio a lágrimas, em meio a soluços, senti o coração aquecido de amor por ti e pelo presente que me deste. Por isso, quero te render graças. Rendo-te graças por teres me dado o meu filho. Rendo-te graças por tê-lo confiado a mim. Reconheço que ele era teu filho antes de ser meu. Tu o amaste muito antes de eu o ter visto pela primeira vez, de tê-lo abraçado, de tê-lo conhecido. Rendo-te graças pela honra que foi criá-lo, cuidar dele e amá-lo. Rendo-te graças por perdoá-lo e salvá-lo. Rendo-te graças, porque, embora ele não esteja mais em minha em casa, ele está em tua casa. Rendo-te graças, porque, embora ele esteja ausente do corpo, está presente com o Senhor. Rendo-te graças pela garantia que nos deste de que não o tiraste primeiro de mim, mas primeiro o levaste para estar contigo. Rendo-te graças pela certeza que tenho de que a sua chegada à tua presença foi um ganho muito maior do que a perda em sua saída de minha vida.

Rendo-te graças, porque os amigos têm sido tão fiéis, expressando amor e trazendo conforto nestes momentos. Rendo-te graças por simples conhecidos e até estranhos terem sido tão gentis, tão generosos e tão amorosos. Rendo-te graças por nossos pais e irmãos terem sido tão fiéis no cuidado e tão empenhados na oração. Rendo-te graças por Aileen ter permanecido firme na fé durante o que foi a mais dura das provações, por ela ter sido um grande alento e inspiração para mim. Rendo-te graças, porque a Abby e a Michaela se aprofundaram na fé mediante essa perda, uma vez que, se tu não as tivesse sustentado, elas poderiam tê-la abandonado por completo. Rendo-te graças por teres proporcionado o teu conforto divino, mediado pelas palavras e ações humanas.

Muito obrigado, ó Pai, pois tu és soberano, porque este é o teu mundo e nada acontece fora da tua vontade. Rendo-te graças pelo mistério da tua providência, por meio da qual guias e diriges cada vida e morte para os teus grandes propósitos. Rendo-te graças por tuas ações serem sempre boas e o teu tempo ser irretocavelmente perfeito. Rendo-te graças, porque o teu coração está sempre inclinado para o teu povo, sempre desejoso de derramar bênçãos, sempre disposto a consolar.

Rendo-te graças, Jesus, por teres nascido neste mundo: o próprio Deus assumindo a carne humana. Rendo-te graças por teres vivido uma vida perfeita, por teres morrido uma morte expiatória, por teres ressuscitado vitorioso sobre a sepultura. Rendo-te graças por teres aberto o caminho de acesso a Deus, para que eu pudesse ser salvo, para que Nick pudesse ser salvo. Rendo-te graças por teres sido e ainda seres o mediador entre Deus e o homem.

Rendo-te graças, Espírito, por ser o Consolador. Jesus disse que era melhor que ele fosse para tu poderes vir. Por isso, agradeço a ti por teres feito morada em mim e assim estares tão presente para guiar, confirmar, confortar e para distanciar-nos da amargura, aproximando-nos da santidade, mesmo nas profundezas do luto.

Por isso, Pai, Filho e Espírito, sou-vos grato por serdes um só Deus, por serdes bons. Obrigado, Senhor, por todas as bênçãos que recebi de tuas mãos. Rendo-te graças pela certeza de que a maior bênção ainda está por vir: a bênção de ser aperfeiçoado e viver em tua presença para sempre.

Agora, estamos chegando ao fim de nosso encontro de oração, ao fim da nossa semana de oração; por isso, encerro assim: anseio por render glória ao teu nome, desejo mostrar o teu poder em minha fraqueza, a tua sabedoria no meu quebrantamento. Por isso, submeto-me de bom grado aos teus propósitos. Tu és o Criador; eu sou o servo. Tu és o

Oleiro; eu sou o barro. Se posso dar mais glória a ti pela fraqueza, então, digo que tomes minha força; se posso dar mais glória a ti pela pobreza, então, digo que tomes minhas riquezas; se eu posso dar mais glória a ti pela perda, então, digo tomes tudo. Posso suportar qualquer prova, superar qualquer sofrimento, enfrentar qualquer tristeza, desde que não me abandones, desde que não me rejeites. E tu prometeste que nunca farás isso. Prometeste que farás todas as coisas para o bem; por isso, peço-te que assim seja. Dirija minha fraqueza para o bem, dirija minhas perdas para o bem, dirija meu quebrantamento para o bem, pois eu te amo e fui chamado de acordo com o teu propósito. Quer esse ano traga fartura ou fome, quer traga abundância ou necessidade, quer traga alegria ou tristeza, vida ou morte, peço somente que me capacites a dar graças em todas as circunstâncias, pois sei que cada uma delas será ordenada por ti. Permita-me seguir em direção ao prêmio e, enquanto sigo, que eu bendiga ao Senhor em todos os momentos, com o seu louvor, o teu louvor, continuamente em meus lábios.

Em nome de Jesus Cristo, eu oro. Amém.

CAPÍTULO 17

Como administrar a tristeza

"O que você está sentindo?", ele pergunta. "Como um pai se conforma com a perda de um filho?". Um velho amigo da família ligou para saber como eu estava e garantir-me que tem orado por mim, por minha mulher e por minhas filhas. Mas ele também está curioso e gostaria de saber como é estar no meu lugar. "O que está acontecendo no seu coração?". As palavras que ouço de minha própria boca me surpreendem. "Sinto-me honrado. Sinto-me honrado por Deus ter-me confiado isso. Sei que tudo vem das mãos dele e quero ser bom administrador".

Há muito me ensinaram a interpretar a vida pelas lentes da administração. Ser um administrador é ser um agente, um superintendente, um cuidador. Um administrador não é responsável por seus próprios bens, mas pelos bens de outra pessoa. Ele não responde a si mesmo, mas a um senhor, a um monarca ou a um proprietário. Jesus conta uma parábola sobre a administração de recursos, sobre três servos, a cada um dos quais foi confiada uma parte da riqueza do seu senhor quando partiu em uma longa viagem. Um servo recebe uma única porção da riqueza; outro, duas porções; o terceiro recebe cinco. Jesus explica o comportamento de cada um desses servos, dizendo que os dois que foram confiados com muito são sábios e prudentes, duplicando o que lhes havia sido entregue. Mas aquele a quem foi confiado pouco é insensato e mesquinho e, no fim, não tem nada mais a mostrar além da parte com que começou. Na contabilidade final, dois desses servos são recompensados por terem sido fiéis, "Muito bem, servo bom e fiel!" (Mateus 25:23), mas o outro é repreendido por sua falta de fidelidade, "servo mau e negligente!"[41] (Mateus 25:26).

Eu sempre soube que os meus filhos são realmente filhos de Deus. Não sou dono da Abby, não sou dono da Michaela e nunca fui dono do Nick. Não sou dono deles, assim como não sou dono do meu dinheiro, de minha propriedade, dos meus dons e talentos, dos meus privilégios e das oportunidades. "Este é o mundo do meu Pai", diz o autor do hino.[42] Meus filhos, tanto quanto minhas outras bênçãos, são dons que Deus me confiou. Ele atribuiu a mim a responsabilidade de criar meus filhos na disciplina e nos ensinamentos do Senhor, de zelar por eles fielmente, como alguém que terá de prestar contas.

Muitas vezes me senti honrado pela educação do Nick me ter sido confiada. Houve muitas ocasiões na infância e na adolescência dele e muitas mais quando era jovem adulto em que eu e Aileen nos olhávamos entre nós e nos maravilhávamos com o presente que Deus nos deu. "O que fizemos para merecer um filho tão bom?", nós nos perguntávamos. "Por que Deus confiaria um tesouro assim a nós dentre todas as pessoas?". Nick era uma criança inusitadamente boa, extraordinariamente gentil e generosa, notavelmente obediente, extraordinariamente comprometida em honrar a Deus. Foi uma honra recebê-lo e uma honra criá-lo. Então, por que não deveria ser uma honra deixá-lo partir? Por que não deveríamos considerar uma honra termos sido escolhidos para esse difícil chamado de deixá-lo partir? Afinal, ele não era verdadeiramente nosso, para começar. Ele nunca nos pertenceu. Ele pertencia e pertence a Deus.

Examinando novamente a parábola de Jesus, fico impressionado que os servos não tenham escolhido o que administrariam. O senhor nunca pensa em lhes perguntar: "O que vocês achariam de receber uma porção ou cinco da minha riqueza?". Ele nunca os consulta e pergunta:

---

41 Veja Mateus 25:14-30.
42 Maltbie D. Babcock, *This Is My Father's World*, Hymnary.org, disponível em: https://hymnary.org/text/this_is_my_fathers_world_and_to_my, acesso em: 19 de abril de 2022 [Domínio público].

"O que vocês acham que são capazes de administrar?". Em vez disso, ele simplesmente atribui a cada um deles o que acha melhor e depois espera que se provem dignos da responsabilidade que lhes conferiu. O que recebe as cinco porções deve estar particularmente emocionado, pois isso sem dúvida fala da confiança de seu senhor nele, de lhe ter entregado muito mais do que apenas um pouco. A confiança de seu senhor é uma bênção, uma recompensa própria, e deve estimulá-lo ainda mais a provar-se fiel, a provar-se digno de tão grande honra.

Sempre tive certeza de que Deus confiou muito a nós ao dar-nos Nick. Ele era as cinco porções inteiras. Hoje, estou convencido de que Deus novamente nos confiou uma grande porção ao levá-lo para si. Sua morte representa mais cinco porções. Quem sabe, dez. Nós nos empenhamos para sermos fiéis na vida de Nick, para o criarmos de modo a podermos ouvir o elogio de nosso Senhor. Agora, fomos chamados para uma nova missão, uma nova administração, e cabe a nós nos mostrarmos fiéis em sua morte. Trabalhamos para educá-lo de modo a glorificar a Deus; agora, trabalhamos para deixá-lo partir de uma forma que glorifique a Deus. Porque, certamente, uma missão tão importante é um sinal da confiança do nosso Senhor. Sem dúvida, com uma responsabilidade tão grande, vem a promessa de grande recompensa; basta sermos fiéis. E que recompensa maior há do que ouvir: "Muito bem, servo bom e fiel! [...] Venha e participe da alegria do seu senhor"? A alegria do nosso Senhor, a presença do nosso Senhor, para onde o nosso filho, o filho dele, foi antes de nós.

CAPÍTULO 18

Seja feita a tua vontade!

Oramos em família antes de Nick e Abby partirem para o semestre de outono, depois tiramos uma foto dos dois juntos do lado de fora de nossa casa; nossos dois universitários. Era o primeiro dia de agosto e eles iam para Louisville, Kentucky; Nick, para o terceiro ano e Abby, para seu primeiro. Fiz a viagem com eles, uma vez que eram os primeiros dias da pandemia de COVID-19 e os regulamentos determinavam que estrangeiros, como nós, ficassem em quarentena por duas semanas após entrarem nos Estados Unidos. Obedientemente, ficamos isolados juntos em um apartamento de porão emprestado até se completarem os catorze dias; depois, seguimos para o campus e descarregamos uma montanha de malas e caixas. Abracei o Nick e disse-lhe que o amava. Vi quando ele se afastou de braços dados com a moça que, apenas algumas semanas depois, aceitaria das mãos dele um anel de noivado. Foi a última vez que o vi. Foi a última vez que o vi deste lado do paraíso.

Abby voltou para casa após o culto memorial no campus e está conosco desde então, à espera do longo recesso de inverno entre os semestres. Mas agora a escola está reabrindo, as aulas estão recomeçando e temos de nos despedir dela. Isso é bom, sabemos, mas também é muito difícil. Abby está com passagem marcada para o primeiro voo do dia, um trecho curto até Detroit, onde ela poderá fazer a conexão para Louisville. Levantamo-nos às 4h da manhã, a fim de garantirmos que ela tivesse tempo suficiente para passar pela segurança e imigração antes da partida, às 6h30. Embora estivéssemos confiantes de que os documentos dela estavam em ordem, aprendemos que não se deve subestimar os processos quando se trata de passar por fronteiras internacionais. Reserve duas horas no mínimo, aconselha-se.

Paramos em frente ao Terminal 3 do Aeroporto de Toronto. Abby teve que fazer as malas para duas estações do sul, o inverno frio e a primavera quente. Tenho muita dificuldade em tirar duas malas enormes de dentro do carro e, fazendo as contas, percebo que pesam o mesmo que ela. A pandemia continua avançando e, uma vez que as restrições me proíbem de atravessar as portas do terminal, ela terá de se virar sozinha. Acho isso injusto.

Já sei que ela está levando o cartão de embarque e o passaporte; já sei que ela descobriu como se deslocar dentro dos três aeroportos por onde passará hoje; já sei que um jovem apaixonado está ansioso por buscá-la no destino. Já orei com ela, Aileen, Michaela e eu nos reunimos e oramos por sua segurança e proteção antes de ela sair pela porta. Então, o que resta a fazer, senão dizer um último adeus?

Dou o melhor de mim para ser corajoso, pois sei que não lhe farei nenhum favor se eu chorar. Seguro o rosto dela entre minhas mãos, olho-a nos olhos e digo: "Eu te amo. Cuide-se. Nos vemos em breve".

Dou-lhe um beijo no rosto e deixo-a arrastar suas duas grandes malas em direção ao terminal. Voltando para o carro, tenho mais uma oração: "contudo, não seja feita a minha vontade, mas a tua" (Lucas 22:42).

A minha tentação em um momento como esse é ficar ansioso. É pensar no que aconteceu da última vez que meus filhos foram para o sul, usar a mente para fabricar uma visão de um futuro semelhante e depois sentir toda a tristeza, a dor e o trauma imbuídos nisso, verter lágrimas por tristezas que talvez nunca surjam. Eu poderia ficar paralisado sob o peso dessas fantasias. Eu poderia esmagar o meu espírito. Eu poderia cometer um lento suicídio.[43]

---

[43] As expressões "verter lágrimas por tristezas que talvez nunca surjam" e "lento suicídio" foram usadas pelo ministro presbiteriano do século 19 e escritor religioso Theodore Cuyler em várias de suas obras.

Muitas vezes, sinto esta tentação aumentando. As primeiras cenas começam a se desenrolar na minha imaginação e eu tenho de decidir se vou deixá-las ao próprio compasso ou se vou desligá-las. Sei o que Jesus disse: "Portanto, não se preocupem com o amanhã, pois o amanhã trará as suas próprias preocupações. Basta a cada dia o seu próprio mal" (Mateus 6:34). Sei que é responsabilidade de Deus se preocupar com o futuro, enquanto a minha é viver bem no presente. Sei que Deus promete graça suficiente para todas as provações, mas apenas provações que realmente aconteceram, que existem no mundo real e não no mundo da fantasia. Sei que o poder de Deus é aperfeiçoado na fraqueza genuína, não na imaginada. Mas ainda sinto a astúcia da ansiedade, ainda começo a ver essas cenas em minha mente, a senti-las com minhas emoções e a temê-las no coração.

Aprendi que, em geral, o luto é acompanhado de medo e é amplificado por ele. A mãe cujo filho foi atropelado por um carro se preocupa com seus outros filhos atravessarem a rua em segurança; o pai cuja filha morreu em um acidente de trânsito se preocupa cada vez mais toda vez que seus outros filhos vão da garagem para a calçada. E eu, cujo filho desmaiou e morreu, não posso dormir à noite enquanto não tenho certeza de que as minhas duas filhas ainda estão vivas e não consigo me contentar de manhã enquanto não tenho a certeza de que ambas conseguiram sobreviver à noite. A morte de Nick nos fez enfrentar efemeridade e a fragilidade humana de uma forma totalmente nova. Talvez meus filhos sejam mais frágeis do que imagino. Tenho muito medo de que, como a providência ordenou que eu perdesse um, talvez ordene que eu perca outro. Se determinou que eu enfrentasse esta tristeza, por que não muitas outras?

Como, então, posso deixar de lado essa ansiedade? Como posso continuar vivendo a minha vida? O único antídoto que conheço é este: submeter-me deliberadamente à vontade de Deus, pois o consolo está intimamente relacionado à submissão. Enquanto eu lutar contra a vontade de Deus e contra o direito de Deus de governar o seu mundo à sua maneira, a paz permanecerá distante e encoberta. Mas, quando me rendo, quando me ajoelho, a paz flui como um rio e acompanha o meu caminho.[44] Porque, quando ajo assim, eu me lembro de que a vontade de Deus é inseparável de seu caráter. Lembro-me de que a vontade de Deus é sempre boa, porque Deus é sempre bom. Por isso, faço uma oração de fé, não de fatalismo: "Seja feita a tua vontade. Não como eu quero, mas como tu queres".

Toda oração traz conforto, conforto em pedir a Deus o seu cuidado, sua bênção e sua proteção. Há consolo em expressar os meus desejos, as minhas preferências, as minhas esperanças e os meus planos. Ainda há mais conforto, porém, em depositar tudo nessa oração. Faço essa oração como uma profissão de fé, um reconhecimento do amor de Deus, da sua bondade e da sua soberania. Oro como uma declaração de que o conhecimento dele é mais amplo do que o meu, que vontade dele é melhor do que a minha e que sabedoria dele é maior do que a minha.

Por isso, orarei pelos desejos do meu coração. Pedirei a Deus que abençoe e proteja a minha menina. Pedirei que a traga de volta à nossa casa em maio. Contudo, o fio de aço do tecido dessa oração não é "seja feita a minha vontade", mas "seja feita a tua vontade". Em última análise, se houver conforto, ele não será fundamentado na esperança de que nada de mau acontecerá a mim ou às pessoas que amo, mas no Deus perfeito, cujo caráter perfeito se mostra em sua perfeita vontade.

---

44 Veja Horatio Spafford, *When Peace, Like a River*, Hymnary.org, disponível em: https://hymnary.org/text/when_peace_like_a_river_attendeth_my_way, acesso em: 19 abril 2022 [Domínio público].

CAPÍTULO 19

Para meu filho, em seu aniversário de 21 anos

Feliz aniversário, meu garoto! Hoje você faz 21 anos! Ou faria. No céu se comemora aniversário? Faz sentido contar os dias, meses e anos aí? Confesso que apenas comecei a perceber quão pouco sei sobre o lugar para onde você foi. Tenho muitas perguntas, mas poucas respostas. Por outro lado, eu poderia apenas procurar as respostas confiáveis na Bíblia, mas ela parece muito menos preocupada em falar da vida das pessoas no céu do que em dirigir a vida das pessoas na terra. É melhor assim, tenho certeza. Imagino que terei de esperar para obter as minhas respostas quando chegar lá.

Por falar nisso, não sei na verdade como é chegar ao céu. Espero, no entanto, que você esteja aí quando chegar a minha hora. Sinto tanto a sua falta. Sinto falta de ouvir você, do seu sorriso e da sua risada. Sinto falta da sua amizade, sua conversa e seu conselho. Sinto falta de sua sabedoria, sua paciência e sua piedade. Sinto falta de ser pai de um rapaz. Ser seu pai foi mesmo uma das maiores honras que eu poderia imaginar, e você ter partido antes de mim é uma das minhas tristezas mais profundas. Estou muito feliz que você esteja aí, é claro, mas é muito triste você não estar aqui. Há um vazio em minha vida agora. Foi uma parte de mim que morreu naquele dia, uma parte do meu ser, o melhor de mim. Você era a melhor parte de mim. E tenho certeza de que nunca mais serei inteiro neste lado da eternidade.

Estou muito orgulhoso de você, Nick. Tenho orgulho da vida que você viveu e do legado que deixou. Todos os que o conheciam falaram bem de você. Amigos, vizinhos, colegas de escola, primos, membros da igreja: todos falaram de um homem amável e gentil, piedoso e bom. Os seus colegas do mercadinho nos enviaram um livro de recordações e muitos falaram de um homem paciente e amigável e que lhes falava de Jesus. Não havia nenhuma culpa ligada à sua vida, tampouco escândalo ou desonra. Descobrimos segredos a seu respeito, mas eram todos bons segredos: as pessoas que você orientou discreta e tranquilamente, as reuniões de oração a que só você compareceu, as pessoas que foram subestimadas pelos outros, mas amadas por você. Você viveu com honra e integridade. Morreu como um homem de caráter irrepreensível. Correu bem a sua breve corrida.

Talvez eu devesse confessar que consultei o histórico de pesquisas do seu computador, mas apenas para ver se poderia descobrir algumas pistas sobre como você morreu. Talvez você estivesse procurando sintomas de alguma doença. Ao que parece, não estava, mas, mesmo lá, não encontrei nem uma pesquisa e nem um site sequer que fosse nada menos do que irrepreensível. É claro que o homem que você era no particular correspondia ao homem que era em público e isso enche meu coração de orgulho. Muitas vezes, pensei que é melhor ser o pai de uma alegria que partiu do que de uma tristeza viva.[45] Você me trouxe tanta alegria na vida e, apesar de todas as lágrimas, também me trouxe tanta alegria na sua partida.

Faço algumas coisas bobas agora, coisas que provavelmente fariam você rir ou talvez apenas revirar os olhos. Às vezes preparo uma caneca de café para você antes de ir visitar o cemitério em um domingo à tarde. É absurdo, eu sei, mas me lembra das centenas de vezes que preparei seu café antes de você sair para o trabalho ou para a escola. Tínhamos nosso universo do café, com sabores diferentes, torrefações diferentes, métodos diferentes de preparo; por isso, às vezes, levo-lhe uma caneca e deixo-a lá. É tolice, acho, mas quem deve julgar? E uma das partes mais difíceis da minha perda é que todos os meus sentimentos de amor permanecem, mas não há como expressá-los. Durante vinte

---

45 Theodore Cuyler escreveu várias versões desta frase em seus livros e sermões.

anos, sempre havia algo que eu podia dar a você, algo que eu podia fazer por você; de alguma forma, eu podia mimar um pouco você. Mas agora você está além de todos os fazeres, além de toda necessidade, além de todas as expressões de amor. É difícil para um pai.

Pedi ao seu avô que fizesse uma caixa de vidro para a sua Bíblia, aquela que lhe dei quando você decidiu ir para o seminário. Vou deixá-la aberta em 1Coríntios 15 (que o dr. Schreiner leu de modo tão comovente no seu culto memorial) e mantê-la sempre perto de mim. Assim, sempre que eu precisar, poderei olhar e ler a grande promessa que me mantém vivo: "Pois da mesma forma como em Adão todos morrem, em Cristo todos serão vivificados" (1Coríntios 15:22). Há muita esperança nesse versículo. Tamanha promessa. Uma grande alegria que se pode aguardar. Estaremos vivos e juntos para sempre.

Você ficaria tão orgulhoso da mamãe. Mesmo depois de 22 anos de casamento, eu não seria capaz de prever como ela reagiria a tamanho desgosto, como ela faria para acordar de seu pior pesadelo, mas ela fez isso com força, com graça, com piedade. Acho que, de todos nós, ela deve ter suportado a perda mais difícil, pois o coração dela é o mais amoroso e era mais unido ao seu. Quem pode negar que vocês dois compartilhavam um vínculo especial? Mas ela está apegada à verdade, pregando-a para si mesma e ministrando-a para nós.

Você também ficaria orgulhoso de suas irmãs. Michaela sempre se aconchega comigo à noite para chorar um pouco, para expressar sua tristeza, mas também sua esperança, reconhecendo que essa é a vontade de Deus; por isso, deve ser certa e boa. Ela admirava você e acalentava a lembrança de cada uma das suas amáveis palavras e boas ações. Abby voltou às aulas e está indo bem lá. Ela adorava você e o considerava seu melhor amigo e confidente. Mas ela também decidiu que confiará em Deus nos períodos de tristezas, tal como confiou em todos os momentos de alegria. Todos nós nos comprometemos juntos a permanecer fiéis a Cristo, fiéis ao seu evangelho, fiéis até o fim, para todos termos a certeza de uma grande reunião familiar. Que dia maravilhoso será!

Você também ficaria orgulhoso da sua preciosa Ryn. O luto dela como noiva se enquadra na categoria difícil. Ela decidira viver o resto da vida com você, alinhar os sonhos dela com os seus, mas ainda não tinha oficializado com o casamento. Por isso, a dor dela é muito parecida com a de uma viúva, mas sem o grau de apoio e compreensão que as viúvas recebem. Mas ela é forte e piedosa e suporta a sua dor. Você ficaria feliz de saber que ela e a mamãe se tornaram amigas rapidamente e conversam quase todos os dias. Agora, ela está ligada à nossa família e esperamos que continue fazendo parte dela.

Imagino que você também gostaria de saber que estamos todos juntos hoje em Louisville. Vamos passar o dia com Ryn, chorar um pouco, rir um pouco e depois a mamãe fará a nossa tradicional pizza de sexta-feira à noite. Também vamos passar algum tempo com alguns amigos seus, que, a propósito, estão todos usando boné do seu time do coração, em sua homenagem. Você ficaria bem acanhado! No domingo, voltaremos para casa e acho que a vida continuará.

E a vida tem de continuar, não é mesmo? Que escolha tenho, a não ser carregar este fardo, carregar esta cruz, avançar para o céu, avançar para você? Deus usou a sua morte para me ajudar a arrancar minhas raízes deste mundo, para me fazer ansiar pelo céu de uma maneira totalmente nova. Mas a usou também para me dar novos rumos para a vida, para me fazer querer aproveitar ao máximo o meu tempo na terra. O meu anseio pelo céu agora é inseparável de meu desejo de ver você. Mal posso esperar.

Meu Nick, tenho tantas saudades de você! Já se passaram 203 dias desde que lhe dei um abraço de despedida, 124 dias desde que falei com você, 122 desde que você foi para o céu. Parece tanto tempo. Mas também tão pouco. E espero que o mesmo aconteça com o tempo decorrido entre hoje e o dia em que voltaremos a ficar juntos. Tiago diz que a vida é como a neblina, um sopro, um sussurro.[46] Estou mais consciente disso do que nunca, de que cada dia é precioso, cada dia é um dom a ser usado para o bem dos outros e para a glória de

---

46 Veja Tiago 4:14.

Deus. Por isso, em espírito de oração, identifico o dever de cada dia e o cumpro da melhor maneira possível. Então, quando a noite chega, adormeço, pensando: *Quando eu acordar, estarei um dia mais perto de Nick e, se eu não acordar, finalmente estarei com Nick.* E para ser sincero, estou bem de qualquer maneira.

Nós nos veremos em breve, meu amado filho.

Com amor eterno, papai.

CAPÍTULO 20

Saudade de casa

Nestes dias, os meus pensamentos se voltam com frequência para o céu. Nos momentos em que oscilo entre o sono e a vigília, nos momentos em que inclino a cabeça para orar, nos momentos em que levanto a voz para cantar, a minha mente se volta muitas vezes para esse lugar e o seu povo. Meu pai fez a viagem até lá há pouco tempo e o meu filho seguiu logo atrás dele. Os dois homens importantes da minha vida, aquele cujos passos segui e aquele que seguia os meus passos, precederam-me e esperam-me. Nunca tive tanto desejo de estar lá, pois nunca fui capaz de imaginar a recepção daqueles que são tão familiares, tão amados, pessoas de quem sentimos tanta falta.

A Bíblia tem muito a dizer sobre o céu e muito disso é apresentado com figuras que exigem análise e meditação, figuras que nos indicam o literal por meio do evocativo. O céu tem portões de pérolas e ruas de ouro, lemos. Tem muros de jaspe e águas cristalinas. Tem a forma de um cubo, cujas paredes são adornadas com joias preciosas. É brilhante, mas não tem sol nem lua, pois o próprio Deus é a sua luz.[47] Existe um mistério sobre o paraíso. Ele deve ser muito melhor do que podemos imaginar, tão além de nossa compreensão que apenas as representações poéticas podem chegar perto de lhe fazer justiça. E mesmo que essas imagens não nos permitam imaginá-lo perfeitamente, sem dúvida, elas fazem nosso coração ansiar por ele.

---

47 Veja Apocalipse 21:15-23.

Contudo, há muito menos mistério e muito mais familiaridade com a mais preciosa de suas descrições: o lar. Para cada um de nós, o Pai reservou uma morada em sua casa, diz Jesus, e ele próprio foi prepará-la. Deixar o corpo é estar em casa com o Senhor, assegura o apóstolo Paulo.[48] Assim, tanto o seu desejo quanto o nosso é estarmos longe desta frágil tenda e sermos levados em segurança para o maravilhoso lar tão cuidadosamente planejado pela mente de Deus, tão cuidadosamente construído pela mão de Deus. Que consolo há em saber que, quando chegamos ao fim de nossa vida, não partimos para o éter nem desaparecemos no vazio, mas tão somente voltamos para casa.

Todos sabemos o que é estar em casa. O lar é o lugar de garantia, o lugar de segurança, o lugar da familiaridade. Quando nos aventuramos em lugares distantes, ansiamos por voltar para casa, pois sabemos que sempre deixamos ali uma parte de nós mesmos. Por mais alegres que sejam as férias, por mais maravilhosa que seja a viagem, a casa sempre nos atrai; sempre nos convida a regressar. É em casa que somos sempre bem-vindos, é em casa que gostamos de celebrar, é em casa que somos mais autenticamente nós mesmos. Nenhum lugar nos dá mais conforto, nenhum lugar nos dá mais alegria, mais paz e mais amor do que o lar.

E agora mesmo estou com muita saudade de casa. Embora neste exato momento eu esteja dentro das paredes da minha casa, eu sei que ela na verdade não é mais do que um abrigo para os viajantes, um local para um breve repouso ao longo do caminho. Porque eu mesmo não sou mais do que um peregrino em uma longa viagem pelo deserto até a gloriosa terra prometida, a perfeita habitação eterna. Mesmo estando aqui, anseio estar lá. Desejo chegar às margens do Jordão, atravessar em segurança, pôr os pés em suas margens, entrar pelas portas da Cidade Santa. Menos do que nunca, há coisas que me prendem aqui e, mais do que nunca, há ali o que me atrai e me chama para o lar, para aquele lugar onde anseio estar.

---

48 Veja João 14:2; 2Coríntios 5:8.

Estou confiante de que, apesar do meu desejo, estar aqui é mais necessário do que estar lá, pelo menos por enquanto. Deus tem pessoas para eu amar, propósitos para eu cumprir, fardos para eu suportar. Continuarei me preparando para o lugar que Deus preparou para mim, continuarei percorrendo o caminho estreito que ele traçou para mim, sabendo que, seja regular ou acidentada, seja bem pavimentada ou esburacada, essa estrada me leva ao meu lar. A cada passo, sinto a expectativa crescer; a cada passo, a saudade de casa se aprofunda ainda mais. Desejo ardentemente estar em casa! Quando as tempestades da vida uivam à minha volta, quero o meu lar! Quando as preocupações da vida ameaçam me dominar, quero meu lar! Quando as perdas de vidas ameaçam me moer em pedaços, quero meu lar! Meus olhos se esforçam para vê-lo, meus ouvidos, para ouvi-lo, minhas mãos, para agarrá-lo. Lar, doce lar. Lar, onde está o meu Deus. Lar, onde está o meu coração. Lar, onde está o meu pai. Lar, onde está o meu filho. Simples, maravilhosa e eternamente o meu lar.[49]

---

49 Inspirado em T. De Witt Talmage, *Trumpet Peals: A Collection of Timely and Eloquent Extracts* (New York: Bromfield, 1890), p. 462.

CAPÍTULO 21

Flores no deserto

Há alguns anos, eu e Aileen de repente percebemos que nossos filhos haviam crescido o suficiente para poderem ficar sozinhos durante alguns dias. Estávamos certos de que nós dois poderíamos aproveitar algum tempo longe sozinhos. Encontramos voos para o Arizona, onde poderíamos realizar o nosso sonho de conhecer alguns dos melhores parques nacionais dos Estados Unidos e as melhores belezas naturais.

E que beleza! Caminhamos pela famosa trilha Canyon Overlook na escuridão, para podermos ver o sol nascer sobre o Parque Nacional Zion. Mais tarde, no mesmo dia, assistimos ao mesmo sol se pôr sobre as areias vermelhas de Bryce. Ficamos maravilhados com o Vermilion Cliffs, admiramos a majestade assombrosa do Grand Canyon e ficamos maravilhados com a pujança do poderoso Colorado. Toda essa beleza nos impressionou e louvamos a Deus pela obra de suas mãos. No entanto, quando estávamos deitados no escuro de nosso quarto do hotel e planejávamos o último dia de nossas pequenas férias, não conseguíamos nos livrar da sensação de que, de alguma forma, tínhamos perdido o melhor da beleza.

Decidimos deixar de lado os mapas, abandonar as rotas turísticas e entregar-nos ao acaso. No início da manhã seguinte, partimos para o deserto, seguindo estradas que ficavam mais estreitas e mais rústicas à medida que nos afastavam do caminho conhecido. O céu escureceu à nossa volta, os trovões começaram a estrondar e ameaçava uma grande tempestade. Foi ali, longe de tudo e de todos, que encontramos a inspiração que nos faltava. Era uma paisagem seca, um céu cruel, um cacto imponente e, em contraste com tudo isso, flores preciosas. Sob a escuridão do céu nublado, diante da areia do deserto, diante de espinhos cruéis, encontramos flores de beleza deslumbrante. Suas cores viçosas contrastavam com o céu escuro; as pétalas suaves, com os espinhos afiados; as folhas verdejantes, com as areias secas. Encontramos flores no deserto, beleza sob o céu ameaçador, esplendor ao lado de espinhos. Paramos, admiramos e ficamos encantados. Voltamos para casa satisfeitos e regozijados.

Deus faz muitas promessas, e as melhores são para os nossos momentos mais atrozes. É quando somos abatidos e quase destruídos que mais desejamos o conforto de Deus, a certeza de Deus, as palavras de paz que dele provêm. Talvez, o mais precioso de tudo seja isto: todas as coisas cooperam para o bem.[50] Aqueles que amam a Deus e são amados por ele podem ter confiança de que ele trabalha em todas as circunstâncias da vida para, do mal, extrair o bem, das trevas, a luz, da tristeza, a alegria. Não que Deus seja especialmente ágil, uma espécie de gestor cósmico de relações públicas, especialista em manipular as circunstâncias, mas, sim, que ele é o planejador, o engenheiro, o projetista que ordenou tanto os meios quanto o fim. Ele ordena a calmaria e a tempestade, a escuridão e a alvorada, a fome e o banquete. Assim, nenhum acontecimento é sem sentido; nenhuma situação, sem propósito; nenhuma condição, em última análise, sem esperança. Deus não exerce a sua boa vontade a despeito dos dias sombrios, das provas difíceis e dos corações partidos, mas por meio deles. Essas circunstâncias são a matéria-prima que ele usa para formar e moldar seus bons planos, seus propósitos perfeitos.

Quando Jesus esteve com seus discípulos naquela última noite de sua vida, ele disse: "Você não compreende agora o que estou fazendo a você; mais tarde, porém, entenderá" (João 13:7). Ele estava prestes a ser traído, a ser feito prisioneiro por uma multidão, a ser abandonado e negado por seus amigos, a ser horrivelmente agredido e cruelmente assassinado, a enfrentar a ira pura e santa de Deus contra o pecado. Ele estava prestes a suportar as circunstâncias mais hediondas e

---

50 Veja Romanos 8:28.

dolorosas que qualquer pessoa, em qualquer momento de toda a história, já suportou. E aos seus amigos deu esta mensagem de explicação, esta mensagem de segurança: "mais tarde". Mais tarde, você entenderá. Tudo isso faria sentido, mas apenas mais tarde. Tudo ficaria claro, mas somente depois de concluído. Eles precisariam suportar antes de conseguirem entender. Para que haja um glorioso Domingo de Páscoa, deve haver primeiro uma terrível Sexta-feira da Paixão e, entre eles, um sábado desconcertante e triste.

A história da obra de Deus neste mundo está cheia desses "mais tarde". José teve que ser escravo por muitos anos antes de ser um governante e declarar a seus irmãos: "Deus me enviou à frente de vocês para lhes preservar um remanescente" (Gênesis 45:7) e "Vocês planejaram o mal contra mim, mas Deus o tornou em bem" (Gênesis 50:20). A mãe de Moisés teve que pô-lo em um cesto boiando no rio e deixá-lo para ser criado por uma princesa estrangeira antes que ela mesma soubesse que seu filho lideraria o grande êxodo. Pedro teve que testemunhar a morte de Jesus e suportar três dias de perplexidade antes de poder testemunhar que os que levaram o seu Senhor à morte tinham feito apenas o que a mão e o plano de Deus haviam predestinado a acontecer.[51] Havia proveito em todos esses males: promessas cumpridas, pessoas redimidas, salvações efetuadas. Mas o bem estava vinculado ao "mais tarde".[52]

"Todas as coisas para o bem" é uma promessa para "mais tarde", uma promessa que devo aceitar pela fé, pois nem sempre é evidente aos olhos. Não é nenhuma pílula mágica para aliviar imediatamente toda a minha dor, nenhuma panaceia para curar instantaneamente todas as minhas feridas, mas, na verdade, não tem esses propósitos. As promessas de Deus acompanham minha dor para me fortalecer por meio dela. Levanto as mãos doloridas em adoração,

---

[51] Veja Gênesis 45:5; 50:20; Atos 4:28.

[52] Encontrei pela primeira vez a ideia de "promessas posteriores" nos escritos do pastor, autor e editor presbiteriano J. R. Miller; veja seu capítulo 8 em *Silent Times: A Book to Help in Reading the Bible into Life* (New York: Ward & Drummond, 1886), p. 84-92, disponível em: https://springsofgrace.church/2021/03/afterward.

levanto a voz trêmula em louvor, volto os olhos cheios de lágrimas para o céu. "Todas as coisas para o bem" é a garantia de Deus de que, se eu confiar a ele o presente, ele fará o bem no futuro. Estêvão foi apedrejado até a morte, a igreja foi espalhada, mas o evangelho se espalhou com ela: Deus agiu para o bem! Pedro foi preso, mas a igreja aprendeu o poder da oração: Deus agiu para o bem! João foi confinado em Patmos, mas lá ele recebeu sua grande visão da sala do trono celestial: Deus agiu para o bem![53] Não há nenhuma circunstância além de "para o bem", porque não há nenhuma circunstância além do plano claramente definido de Deus e além da presciência de Deus.

Dessa forma, Deus me chamou para confiar nele tanto nos desertos áridos quanto em pastagens verdejantes, tanto nas tumultuadas profundezas quanto nas calmas águas rasas, tanto nas tristezas mais desmedidas quanto nas alegrias mais esplêndidas. Porque a especialidade de Deus não é fazer brotar o bem do bem, mas o bem do mal. Se eu confiar nele quando estou em lágrimas, tenho certeza de que ele me dará motivos para sorrir; se eu confiar nele durante a minha dor, ele me ensinará a adorar; se eu confiar nele durante o luto, mais tarde, ele me mostrará todo o bem que veio com ele e por meio dele. Ele me mostrará as flores preciosas no deserto árido, as belas flores em contraste com os espinhos afiados, as pétalas suaves sob o céu cruel. Porque, por trás de cada nuvem negra, há um sol radiante; por trás de cada noite escura, há um dia claro; por trás de cada manifestação esmagadora de providência, há um rosto sorridente[54], o rosto sorridente do Deus que age em todas as coisas para o bem daqueles que o amam e são chamados segundo o seu propósito.[55]

---

53 Veja Atos 7:54-60; 12:6-19; Apocalipse 1:9-11.
54 William Cowper, *God Moves in a Mysterious Way*, Hymnal.net, disponível em: www.hymnal.net/en/hymn/h/675, acesso em: 19 abril 2022 [Domínio público].
55 Veja Romanos 8:28.

Primavera

CAPÍTULO 22

Em nem um instante sequer foi cedo demais

Os dias estão ficando mais longos, o ar está ficando mais morno e o inverno finalmente está dando lugar à primavera. Nos campos fora da cidade, um agricultor prepara as suas terras para uma nova temporada de cultivo. Ele já examinou o solo para verificar sua textura e fertilidade. Agora, ele lavra seus campos, amaciando e revolvendo o solo para o expor ao sol, à chuva e aos nutrientes preciosos. Assim que tiver a certeza de que a última geada do ano já se foi, ele começará a plantar as suas sementes. Aqui, ele cultiva milho, bem como legumes e hortaliças: cenouras, feijões, pimentões, ervilhas, abóboras. Em apenas algumas semanas, o solo frio e escuro ganhará vida quando os primeiros rebentos verdes saírem do solo. O agricultor sabe que os seus grãos de feijão estarão prontos primeiro, pois demoram apenas alguns meses a crescer e amadurecer. Com o passar das semanas, ele ficará atento, examinando a forma, a espessura e o enrugamento. Somente colherá quando estiverem no ponto certo. As cenouras estarão prontas pouco depois e serão arrancadas quando ele tiver certeza de que estão em seu melhor estágio: suculentas e saborosas. As cenouras são seguidas pelas ervilhas; depois, à medida que o verão continua, os pimentões e o milho. Finalmente, no primeiro frio do início do outono, ele dirá que as abóboras estão maduras e prontas, bem a tempo do banquete de Ação de Graças e dos sustos de Halloween.

O agricultor para o seu trator, desce e enfia as mãos no solo rico. Examina a terra com os dedos. Observa-a de perto. O que procura? O que espera? Que pequena profecia pode conter esse solo? Sei muito pouco sobre a agricultura e os ciclos de semeadura e colheita, plantação e safra. Como morador da cidade, confio no planejamento sábio e no labor criterioso de agricultores como esse para me fornecerem o que eu não poderia prover por mim mesmo. Confio nele para saber quando cada planta estará pronta, quais estarão plenamente desenvolvidas depois de setenta dias, quais estarão em seu melhor estágio depois de oitenta dias, quais devem esperar até cem dias. Confio no conhecimento dele de quando cada semente estará pronta para ser semeada e quando cada cultivo estará pronto para ser colhido.

Nas histórias que Jesus nos conta, ele recorre muitas vezes aos agricultores e à agricultura, às plantas e ao solo, para ilustrar as realidades espirituais. "O semeador saiu a semear" (Lucas 8:5), disse ele. "O Reino dos céus é como um homem que semeou boa semente em seu campo" (Mateus 13:24). "Abram os olhos e vejam os campos! Eles estão maduros para a colheita" (João 4:35). Ainda hoje, a fazenda e o agricultor me levam a meditar: será que eu não deveria confiar em Deus em relação ao tempo em que cada pessoa está pronta para ser colhida do solo em que é cultivada? Será que não deveria confiar em Deus em relação ao momento em que cada pessoa está pronta para ser arrancada da vida que o próprio Deus lhe deu? Pois não é o ser humano de muito maior valor do que uma planta e a sabedoria do Criador, muito maior do que a sabedoria de qualquer agricultor?

Minha suposição e minha esperança eram de que Nick seria uma colheita tardia, não precoce, de que ele seria colhido no outono ou no inverno da vida, não nos primeiros dias do verão. Eu jamais imaginei que o seu tempo chegaria antes do meu, pois é tão antinatural um pai sofrer a morte de um filho. Mas Deus deve ter planejado o melhor, certo? Se mesmo o bom agricultor sabe quando colher cada planta, não sabe o nosso bom Deus quando convocar cada um dos seus preciosos filhos? Não sabe ele quando cada um está preparado, quando cada um está maduro, quando cada um está plenamente pronto para ser recolhido? É claro que ele sabe.

Meu desafio é confiar em Deus em relação ao meu filho, assim como confio no agricultor para a minha alimentação. Seria uma sandice, prepotência, muita presunção eu ir até o campo do agricultor e dizer-lhe quando cultivar, quando plantar, quando semear, quando arar. Isso é assunto dele, não meu. É o agricultor que tem a sabedoria de conhecer essas coisas, não eu. E, da mesma forma, seria precipitado, arrogante, absolutamente blasfemo exigir que Deus ceda à minha vontade, ao meu plano, aos meus desejos, à minha limitada compreensão dos fatos. Pois as questões de vida e morte estão sob a jurisdição de Deus, não do homem. Essas coisas são *expertise* do Pai, não deste pai.

Por isso, confio que Nick viveu o número de anos, dias, horas, minutos e segundos perfeitos para ele. Sua vida não foi interrompida, mas vivida até o último momento do bom plano de Deus. Ele foi mantido por Deus até estar pronto para ir e pronto para ser levado, pronto para ser recolhido. Então, Deus o chamou para casa. Como o velho Enoque, o jovem Nick andava com Deus e já não foi encontrado, pois Deus o levou.[56] De acordo com a sabedoria e a vontade de Deus, Nick morreu no tempo preciso, nem um instante sequer tarde demais, nem um instante sequer cedo demais.

---

56 Veja Gênesis 5:24.

CAPÍTULO 23

Qual é o comprimento desse traço?

A lápide do Nick finalmente foi instalada e vi-a pela primeira vez. Eu esperava ansiosamente por esse dia e temia-o na mesma medida. Durante meses, tive que visitar uma sepultura sem identificação, um pedaço de terra desnuda sem nada para identificar o nome da pessoa preciosa que se encontra por baixo dela. Certamente, o meu filho merece algo melhor. Mas, agora, pensando nisso, eu também odeio ver o nome dele gravado em uma lápide. Há algo de anormal nisso tudo. Algo muito duro. Não consigo decidir se essa lápide é a honra derradeira associada à vida dele ou a indignidade final associada à sua morte.

Li em voz alta as palavras que preparei há meses. Naquele momento, eram caracteres pretos fugazes digitados em uma tela branca brilhante; agora, são caracteres brancos permanentes gravados em uma pedra preta polida. Por isso, para mim era importante e continua o sendo que a sua fé cristã se tornasse tão explícita em sua morte quanto em sua vida. Em um lugar onde tantos estão enterrados sob banalidades insípidas e iconografia trivial, quero que o mundo saiba que esse homem amou Jesus e foi morar com ele.

NICHOLAS CHALLIES
5 de março de 2000 – 3 de novembro de 2020

Filho leal de Tim e Aileen,
irmão bondoso de Abigail e Michaela,
noivo dedicado de sua amada Ryn,
fiel seguidor de Jesus Cristo.

Combateu o bom combate,
terminou a corrida,
guardou a fé.

Meus olhos se voltam para essas duas datas e o traço entre elas. E pergunto-me: qual é o comprimento desse traço? Qual é o comprimento desse pequeno caractere que usamos para separar a data de nascimento da data de morte? Será que tem dois centímetros? Talvez quatro? Em um certo sentido, não importa. Mas, em outro sentido, é muito importante, porque, nessa pequena linha, está incluída a história de uma vida vivida e depois perdida, uma vida iniciada e depois encerrada, uma vida celebrada e depois lamentada. Para o senhor enterrado na cova logo ao lado, a distância entre a borda esquerda e a direita daquele traço fala de uns sessenta anos completos e abundantes. Para a menina da fileira seguinte, representa meros meses. Para Nick, representa vinte anos: 5 de março de 2000 – 3 de novembro de 2020.

Imagino por um momento que os traços de cada lápide aqui poderiam ser proporcionais à duração da vida vivida. Aqueles que morreram na infância, cuja vida terrena foi medida em minutos ou horas, podem ter um traço não superior a uma fração de centímetro. Os que morreram na infância podem ter pouco mais de meio centímetro. Nick recebeu vinte anos; então, talvez o dele medisse dois centímetros inteiros. E assim por diante, quatro centímetros para a pessoa de quarenta anos, oito centímetros para a de oitenta anos. Talvez se desse um pequeno bônus aos poucos que completaram o centésimo aniversário. Se o velho Matusalém tivesse sido enterrado sob uma lápide aqui, talvez o seu traço se estendesse por vários metros através de um monumento absurdamente longo.

Então, eu me pergunto: *qual o comprimento da eternidade? Qual é a extensão de "para sempre"? Que tipo de traço pode representar a vida que tem um começo, mas não tem fim? Quanto tempo duraria a linha que começa em 5 de março de 2000 e se estende por dez mil vezes dez mil anos?* Essa linha se estenderia para além da borda desse monumento, propagar-se-ia para além dos limites desse cemitério e passaria das fronteiras desta cidade. Chegaria às belas províncias marítimas do Canadá, atravessaria o Atlântico frio e tocaria as costas ocidentais da Europa. Atravessaria as estepes nuas do Leste, saltaria o Himalaia, atravessaria o continente asiático e mergulharia no poderoso Pacífico. Depois de milhares de quilômetros pelo fundo do oceano, ganharia terra novamente, cruzaria as pradarias do Canadá e, finalmente, retornaria mais uma vez a Oakville. Ainda assim, estaria apenas começando, pois começaria outra circum-navegação do planeta e depois outra. Estender-se-ia infinitamente mais longe do que a circunferência da Terra; envolveria infinita e eternamente este grande planeta. Essa é a verdadeira extensão da vida, a verdadeira extensão do traço para almas imortais feitas à imagem de um Deus imortal.

Tenho pouca capacidade de compreender a eternidade, de imaginar o "para sempre", de entender o que começa, mas jamais termina. A minha mente é muito fraca, a minha imaginação, muito limitada e minha visão, turva demais. No entanto, a promessa que Deus fez é esta: aqueles que depositam a fé em Jesus recebem a vida eterna, os que aceitam seu dom da graça recebem a vida sem fim, os que morrem nele reinarão com ele para todo o sempre.

Esse pensamento me desafia e ao mesmo tempo me consola. Lamento muitas vezes a brevidade da vida de Nick, como a partida dele foi abrupta. Muitas vezes, pergunto-me que sentido pode haver em uma vida que durou apenas vinte anos. Mas, se os nossos traços se estendem infinitamente até os confins infinitos do tempo e do espaço, há pouca diferença entre dois ou quatro centímetros, entre cinco ou dez centímetros, que representam o nosso tempo aqui na terra. Este mundo é apenas o lugar de preparação para o que está além. É a sala de aula, o campo de formação, a escola de finalização. Mesmo os que morrem mais velhos são como uma névoa que aparece por um breve tempo e depois desaparece, como um sopro que é inspirado, mantido por um momento e depois expelido. Em comparação com as eras intermináveis do além, mesmo a vida mais longa aqui é um piscar de olhos, o tique-taque de um relógio, o comprimento de um traço.

Quando Jesus se preparava para se despedir dos seus discípulos, deu-lhes uma promessa: "Mais um pouco e já não me verão; um pouco mais, e me verão de novo" (João 16:16). Ele ia embora, mas não definitivamente. Ele partia, mas não para sempre. Apenas "mais um pouco", ele lhes garantiu. Essa promessa deve ter sido preciosa para eles, enquanto esperavam perplexos depois da crucificação de Cristo, enquanto esperaram ansiosamente após sua ascensão, enquanto se empenhavam em meio à perseguição após o Pentecoste. Apenas "mais um pouco". Aguente firme um pouco mais. Apenas resista por mais um breve período. Esperem apenas um momento, apenas um tique-taque, apenas um traço e depois verão que sou fiel à minha palavra, fiel a todas as minhas promessas.

Apenas "mais um pouco". São essas as palavras a que me apego, assim como os discípulos. Minha saudade do Nick é maior do que minha capacidade de me exprimir. Dói-me o desejo de vê-lo, anseio abraçá-lo, anseio por falar com ele. E eu o verei. Tenho a certeza de que o verei. Jesus prometeu que há uma alegria sem limites para além desta vida limitada. Não sei quanto tempo o Senhor me reservou. Não sei quando chegará o meu "mais um pouco", quando chegará a minha vez de cair no chão ao lado do meu filho, quando a minha lápide será encomendada, esculpida e instalada. Não sei que data será gravada na sua superfície para representar o dia da minha partida. Mas sei que, daqui a dias ou décadas, a linha entre o dia do meu nascimento e o dia de minha morte representará um pontinho, apenas o mais breve dos momentos, quando comparado com a vasta eternidade que está por vir. E depois estarei para sempre com o meu filho, lá do outro lado do meu traço.

CAPÍTULO 24

Um quarto vazio

Esvaziaríamos o quarto de Nick de qualquer modo. Se tudo tivesse corrido de acordo com o plano, o dele e o nosso, ele se casaria dentro de algumas semanas e já não precisaria do quarto que foi dele durante quase vinte anos. Mas as coisas não ocorreram de acordo com o plano, o dele ou o nosso, e estamos agora limpando o seu quarto em circunstâncias muito diferentes.

Demoramos mais de cinco meses até chegar a esse ponto. Durante cinco meses, tudo ficou quase exatamente como estava quando ele saiu desse quarto para viajar ao seu terceiro ano do seminário. Durante cinco meses, o quarto dele foi uma espécie de monumento, uma cápsula do tempo congelada em um momento, uma recordação de dias mais felizes. Durante cinco meses, a porta permaneceu fechada.

O quarto do Nick é uma das poucas coisas neste mundo que ele fez exatamente do seu jeito. "As raposas têm suas tocas e as aves do céu têm seus ninhos"; os jovens, os seus quartos. Ele escolheu os quadros na parede e comprou os livros das prateleiras. Os objetos da decoração que ele colocou aqui são os que, de alguma forma, eram importantes para ele; as cartas recolhidas são as que a sua noiva lhe enviara enquanto os dois suportavam um longo distanciamento no inverno. De algum modo, o lugar ainda tem o cheiro dele, embora eu não consiga entender como; talvez, seja o perfume esvanecido de seu desodorante ou do gel de cabelo. Compreendo por que alguns pais nunca conseguem mudar nem o mais ínfimo detalhe do quarto de seus filhos. Para eles, esse lugar passa a ser uma espécie de santuário, um espaço sagrado, onde podem ir e refletir, recordar e chorar a morte do filho ou filha.

Há algo de significativo no início desse processo, em pegar o primeiro objeto e retirá-lo do quarto. É uma espécie de reconhecimento de que Nick nunca mais precisará desse espaço nem de nenhum item dele. Ele nunca mais passará uma noite sequer naquela cama, nunca mais jogará outro jogo no computador, nunca mais lerá outro livro das prateleiras. De alguma forma, parece-nos rude e impositivo: que direito temos de invadir e separar os bens dele? Quem somos nós para decidir o que será guardado e o que será descartado, o que será estimado e o que será jogado fora? No entanto, isso tem de ser feito.

Isso tem de ser feito, porque somos pessoas práticas que moram em uma casa pequena e sabem que esse espaço se transformará em um bom quarto de hóspedes. Mas Aileen insiste que temos de começar de novo: tudo tem de sair e ser substituído. Não pode haver nenhuma ligação entre o quarto como era antes e o quarto como será depois; sem cores de tinta em comum, sem manter nenhum móvel no quarto nem quadros na parede. Pode ser o mesmo espaço, mas deve ser um novo dormitório.

Começamos pelos livros. Seus favoritos de infância estão aqui, as histórias de aventuras que tão rapidamente abriram caminho para obras da história. Eu me lembro do tempo em que fizemos uma longa viagem de avião e lhe dissemos que ele podia levar apenas dois livros.

Ele obedientemente embalou apenas dois livros, uma história do Canadá e uma história do Terceiro Reich, que juntos tinham mais de três mil páginas e pesavam um pouco mais de três quilos. Acho que ficarei com esses dois. Perto deles estão seus livros didáticos do seminário: Novo Testamento, Grego, Hebraico, Pregação, Aconselhamento. Separei seu Novo Testamento em grego, lembrando-me de uma carta que seu professor enviou para dizer que Nick era um dos melhores alunos de grego que ele já teve.

As roupas estão ao lado, depois, as fotos e depois, a cama. Manteremos o colchão e a estrutura, mas os cobertores terão de ser substituídos. Percebo que o quarto começa a fazer eco à medida que se esvazia.

A escrivaninha é a última a sair. Ela fica no canto mais distante do quarto, sua superfície lisa está empoeirada e arranhada. Não posso deixar de pensar em todas as vezes que bati à porta do Nick e esperei até que ele dissesse: "Pode entrar!", então, eu entrava e via-o sentado ali, com o rosto iluminado pela luz da tela do computador. Quando eu entrava, ele desviava os olhos do documento ou do jogo, girava a cadeira, apoiava os pés no pé da cama e dizia: "Fala, pai!". Sempre que entro, quase espero o encontrar lá, vê-lo e ouvi-lo.

Agora, seu quarto está vazio, não passa de quatro paredes lisas e um assoalho desbotado, que não sei por que nunca conseguimos trocar. Mas o quarto dele já não é mais o quarto dele, né? Depois de retirar as suas coisas, limpamos o seu registro sobre elas. Não há mais um cantinho no mundo que seja dele, não há mais seu próprio quarto, não existe mais nenhum lugar para onde ele possa voltar. Ele se mudou e seguiu em frente.

Costuma-se considerar Toronto a cidade mais multicultural do mundo, uma vez que, em todos os anos, centenas de milhares de pessoas imigram para lá de todas as partes do mundo. Muitas vezes, ao longo de anos e décadas, famílias inteiras fazem essa viagem. Os mais jovens costumam vir primeiro e, logo que podem, vão buscar o cônjuge e os filhos. Assim que a família se estabelece e amealha alguma riqueza, eles voltam ao outro lado do oceano para estender o convite aos pais, avós e outros parentes. À medida que um familiar após outro faz a jornada, os que permanecem na Índia, na Nigéria ou nas Filipinas devem sentir que o seu apego a seu próprio país começa a enfraquecer. Conforme observam um número cada vez maior de seus entes queridos fazer a jornada para aquele país distante, conforme o lar delas fica cada vez mais vazio, a lealdade deles deve ficar dividida. Quando têm seus próprios documentos prontos e embarcam em um avião, eles devem se sentir tanto canadenses quanto indianos, ou nigerianos, ou filipinos.

E eu, parado aqui neste quarto vazio, consigo sentir essa mesma lealdade dividida dentro do meu coração. Nick saiu deste quarto e desta terra para fixar residência em um lugar lá no alto, onde meu pai, minha tia e minha avó já fixaram a deles. Com o passar do tempo, sei que um número maior dos meus entes queridos fará a mesma viagem.

Por fim, talvez haja mais deles no céu do que na terra, talvez haja mais para me atrair para lá do que para me manter aqui. E, em breve, a minha papelada estará toda regular e eu também serei convocado para o outro lado do oceano, convocado espiritualmente para aquele lugar onde o meu coração já está.[57]

Até esse dia, porém, um quarto vazio aguarda minha atenção. Amanhã, Aileen pegará a tinta e os pincéis e começará a mudar a cor das paredes. Na próxima semana, montaremos novos móveis e os organizaremos bem no quarto vazio. Na outra semana, esse quarto estará irreconhecível. Já sabemos quem receberá o primeiro convite para ficar aqui. Quando Nick partiu e deixou uma noiva, garantimos à sua doce Ryn que a amaríamos para sempre como a filha que ela quase se tornou, que seríamos família para ela enquanto ela nos permitisse ser. "Vamos chamar aqui de 'quarto da Ryn'", falei a Aileen. "Assim, a nossa casa será sempre a casa dela". Com isso, saímos, deixando a porta aberta, dessa vez.

---

57 Veja Thomas Smyth, *The Complete Works of Thomas Smyth* (Columbia: R. L. Bryan, 1912), vol. 10, p. 20-1, disponível em: http://library.logcollegepress.com/Smyth%2C+Volume+10.pdf.

CAPÍTULO 25

Quantos filhos eu tenho?

Entre as minhas histórias favoritas da vida de Jesus, estão as que ocorreram quando as autoridades religiosas tentavam pegá-lo em alguma armadilha, expô-lo e fazê-lo parecer um caipira. Apesar de seus melhores e reiterados esforços, eles nunca se deram bem.

O Evangelho de Marcos relata uma vez em que um grupo, chamado de saduceus, se empenhou e caprichou nessa tentativa. Os saduceus não acreditavam em espírito, nem em anjos nem em realidade alguma além da que podiam enxergar e tocar. Sem dúvida, eles não acreditavam na ressurreição dos mortos. Assim, elaboraram um breve roteiro para pegar Jesus em uma armadilha e expor sua ignorância em relação à vida após a morte. "Suponha que uma mulher tenha se casado sete vezes ao longo de sua vida", disseram eles, "todos os casamentos legítimos, uma vez que cada um ocorreu após a morte do marido anterior. Na ressurreição, de quem será a mulher, visto que ela se casou com os sete? Diga-nos isso, se sabe tanto!".

A resposta de Jesus pôs à mostra a ignorância deles: "O erro de vocês", disse-lhes, "é não conhecerem a Bíblia nem o poder de Deus. Cegados pela ignorância, vocês não perceberam a mensagem inconfundivelmente clara das Escrituras. Se vocês são tão conhecedores de tudo o que as Escrituras dizem, como nunca notaram o mais simples dos detalhes? Quando Deus apareceu a Moisés da sarça ardente, ele se apresentou, dizendo: 'Eu sou o Deus de Abraão, o Deus de Isaque e o Deus de Jacó'. Ele não disse: 'Eu *fui* o Deus deles', mas, sim: 'Eu *sou* o Deus deles'. Certamente, vocês podem entender isto: ele não é Deus dos mortos, mas dos vivos". Foi o auge da humilhação pública para esse grupo (muito antes de haver as ditas "lacrações" dos dias de hoje) e, com isso, Jesus deu a certeza de que realmente existe vida após a morte.[58]

Tenho pensado na resposta de Jesus quando me deparo com uma pergunta que, à primeira vista, é perfeitamente simples: quantos filhos tenho? Deveria ser muito simples, e já foi, mas agora acho essa pergunta bem complicada, pois perpassa questões que abrangem a vida e a morte, a terra e o céu, o tempo e a eternidade.

Recentemente, uma editora entrou em contato comigo para me lembrar de que eu havia apresentado um manuscrito há alguns meses. Nesse meio tempo, os profissionais editaram o texto, revisaram, desenharam a capa e diagramaram as páginas. A última coisa que precisavam antes de enviarem tudo para a gráfica era da minha breve biografia para a contracapa.[59]

Durante muitos anos, essa pequena biografia dizia algo assim: "Tim Challies é cristão, marido de Aileen e pai de três filhos. Ele congrega e é presbítero na Grace Fellowship Church, em Toronto, Ontário". Essa frase, "pai de três filhos", foi se modificando progressivamente ao longo dos anos. Passou de "pai de três filhos pequenos" para "pai de três filhos adolescentes" e depois para "pai de três filhos na adolescência e na faixa dos vinte". Foi mudando de acordo com a mudança das circunstâncias de minha vida.

Agora, dou-me conta de que essa parte mudará mais uma vez. Mas como? Será que ainda sou pai de três filhos? Ou agora sou pai de apenas duas filhas? Não seria desleal para a memória do Nick apagá-lo da minha pequena biografia como se ele nunca tivesse existido? No entanto, reconhecê-lo causaria inevitavelmente o tipo de estranheza que experimentei no banco outro dia, quando um gerente de contas

---

58 Adaptado e parafraseado de Marcos 12:18-27.
59 Veja Tim Challies; Jules Koblun, *Knowing and Enjoying God* (Eugene: Harvest House, 2021).

perguntou despretensiosa e educadamente sobre a família, respondi que tinha três filhos e ele quis saber mais. Tive que explicar que um deles havia falecido. Ele corou, eu me encolhi e a conversa protocolar prosseguiu com dificuldade.

Quantos filhos eu tenho, então? Decidi que, por enquanto, muito pragmaticamente, responderei às vezes duas filhas e às vezes três filhos, dependendo das circunstâncias. Quando estiver em uma conversa informal com quem está apenas papeando educadamente sobre amenidades, talvez eu diga apenas que tenho duas filhas. Isso é sincero e suficiente para o contexto. Mas, quando estiver em uma conversa mais formal ou fornecendo uma biografia para a contracapa de um livro, responderei com mais sinceridade: sou pai de três filhos. Porque, se, de acordo com a resposta de Jesus aos saduceus, Deus não faz distinção entre seus filhos que estão no céu e seus filhos que estão na terra, então eu também não farei. Se Deus é Deus para Abraão, Isaque e Jacó, certamente eu não sou menos pai para Michaela, Abby e Nick.

Assim como Nick *era* meu filho e eu *fui* o pai do Nick, Nick é meu filho e eu *sou* seu pai. Melhor ainda, ele sempre *será* meu filho e eu sempre *serei* seu pai. Eu fui, sou e serei para sempre um pai para ele tanto quanto para as suas irmãs. Não há contexto no tempo ou na eternidade que possa mudar isso. Assim, na contracapa deste livro, você lerá: "Tim Challies é cristão, marido de Aileen, e pai de duas meninas adolescentes e de um filho que o espera no céu". Eu não sou pai de mortos, mas de vivos: as duas que vivem aqui comigo e o que vive lá com Deus.

CAPÍTULO 26

A CAUSA DA MORTE

Por que o *Titanic* afundou? Foi porque o navio bateu em um *iceberg*? Ou o navio foi mal construído, ou o capitão foi imprudente ou o vigia não cumpriu seu dever? Por que a Primeira Guerra Mundial começou? Foi por causa do assassinato do arquiduque Francisco Ferdinando? Ou foi por causa do desmoronamento da velha ordem mundial, por causa de uma rede de alianças secretas, por causa do aumento do orgulho nacionalista? Por que Jesus morreu? Foi por causa das exigências das autoridades religiosas? Ou foi por causa da covardia de Pilatos, por causa da perseguição do Império Romano ou porque Deus quis? Nenhuma dessas respostas está errada, mas nenhuma delas está completa, pois qualquer acontecimento pode ter muitas causas.

Há meses me pergunto como Nick morreu. Eu já sabia o básico, é claro: ele desmaiou jogando na quadra e constatou-se que não tinha mais batimentos cardíacos nem respiração. Seus amigos não conseguiram reanimá-lo, tampouco o médico que passava, a equipe da ambulância nem mesmo a equipe do pronto-socorro. Embora eu saiba o básico do que aconteceu, eu não sabia a causa. Mas hoje, finalmente, recebi um envelope comum, escrito à mão, com o timbre do "Instituto Médico Legal do Condado de Jefferson".

Sei que é melhor não ler o relatório da autópsia. Além de ter um jargão médico que não entendo, ainda mais preocupante, contém detalhes descritivos que desencadearão a minha imaginação e sobrecarregarão a minha alma. Um médico amigo que já lera muitos desses laudos se ofereceu gentilmente para o ler para mim e resumi-lo. Abro o envelope e encontro seis páginas com texto digitado apenas na frente. Rapidamente fotografo cada uma, fazendo o possível para evitar que meus olhos lessem uma palavra sequer. Feito isso, guardei o laudo em um envelope novo, selei-o e guardei-o no fundo do meu cofre de documentos. Com sorte, nunca mais voltarei a vê-lo.

Enquanto espero que meu amigo leia e relate, não consigo deixar de refletir: *Qual foi a causa da morte de Nick?*

Sei que há uma resposta que trata da fisiologia básica da matéria. Nosso corpo é complexo, maravilhosamente tecido, criado para se desenvolver bem neste planeta, com sua atmosfera rica em oxigênio. A causa mais básica de morte para qualquer um de nós é a privação desse precioso oxigênio, pois, quando ele já não pode nutrir o nosso corpo, os tecidos não resistem. Sei que, de alguma forma e por alguma razão, os órgãos do Nick ficaram privados de oxigênio durante tanto tempo que os danos ficaram graves demais para ele sobreviver. Logo, a causa de sua morte foi a falta de oxigênio.

Mas há outra resposta, que aborda o assunto de um ângulo espiritual, que me diz que a causa da morte foi o pecado, não necessariamente algum pecado que Nick cometeu, mas a própria existência do pecado neste mundo. No fim das contas, este mundo foi criado livre da degeneração e, portanto, livre da morte. No entanto, Deus advertiu claramente a humanidade de que, se ela escolhesse desafiar os caminhos dele, morreria. Se os primeiros seres humanos tivessem permanecido fiéis, nem o pecado nem a morte teriam surgido. Mas eles não obedeceram a Deus e, como cederam à tentação, a morte inaugurou seu reinado. O pecado cobrou a vida de Nick.

Em seguida, intimamente ligada a essa resposta, vem uma que reconhece a existência de um tentador, aquele que trabalhou ativamente para desencaminhar os primeiros seres humanos. Satanás é o pai da mentira, é aquele que convenceu Adão e Eva a acreditarem que Deus seria enganador, que escondera deles algo que lhes seria benéfico e não danoso. Levando-os ao pecado, também os levou para a sepultura. Assim, Satanás está por trás da morte de Nick.

A mais importante de todas, porém, é a resposta da providência, que considera o envolvimento de Deus. Deus deixa bem claro que é ele que dá início à vida e encerra-a, é ele que ergue e põe abaixo de novo.[60] O Senhor é quem dá e quem tira, para que cada um de nós nasça segundo a vontade de Deus e morra segundo a vontade de Deus. Não há ninguém que possa morrer antes do tempo determinado por Deus e ninguém que possa permanecer vivo depois desse tempo. Não há tragédia que possa cobrar nossa vida antes da hora ordenada por Deus e nenhum milagre que possa nos salvar para depois dela. Deus, e somente Deus, tem autoridade suprema sobre a vida e a morte. Em suma, Nick não poderia ter morrido se não fosse a vontade de Deus. No sentido mais fundamental, a causa da morte de Nick é o próprio Deus.

No entanto, Deus usa meios para realizar sua providência e isso é o que esperei tanto tempo para saber. E agora meu amigo está me ligando para dizer os meios específicos que Deus usou para chamar Nick da vida para a morte, da terra para o céu. Embora o legista possa não estar completamente certo, as evidências parecem indicar uma disritmia cardíaca. Por motivos que provavelmente permanecerão desconhecidos para sempre, o coração de Nick começou a bater em um ritmo irregular, uma frequência que progrediu rapidamente para uma parada cardíaca completa. Ele ficou imediatamente inconsciente e caiu no chão. Como ali não havia o equipamento necessário para reanimar seu coração, ele faleceu.

Agora eu sei. A resposta é ao mesmo tempo reconfortante e aterradora. É reconfortante saber que Nick não demorou a morrer e não sofreu. É reconfortante saber que não havia nada que devêssemos ter previsto e nada que pudéssemos saber de antemão. É reconfortante saber que não foi culpa dele, não foi culpa nossa e não foi culpa dos seus amigos que tanto tentaram salvá-lo. Fazemos questão de aliviá-los do fardo que têm carregado.

---

60 Veja 1Samuel 2:6.

Mas a resposta também é aterradora, pois mostra a magnitude do poder de Deus e sua disposição de exercê-lo. Em contrapartida, mostra a fragilidade da humanidade e a nossa total dependência da providência divina. Bastaram alguns impulsos elétricos desordenados para parar um coração saudável e interromper uma vida normal. "O nosso Deus está nos céus, e pode fazer tudo o que lhe agrada" (Salmos 115:3). E ele verdadeiramente faz, pois agradou-se de decidida e mui repentinamente entrar na minha vida cômoda e levar o meu filho. Ele não deu nenhum aviso. Não deu nenhuma explicação. Não pediu desculpas. Apenas estendeu a mão e pegou o que era tão precioso. Ele só estendeu a mão, chamou o Nick para o lar e deixou-me de luto.

Mas não posso censurá-lo por isso. Não posso acusá-lo de injustiça, porque ele é a origem de toda vida, tem autoridade sobre toda vida e encerra toda vida. Isso é verdade, quer o fim chegue aos vinte, quer aos oitenta; em um parque ou em um hospital; previsível ou inesperadamente. A nossa vida não é nossa. Nunca é. Nunca foi. "Em *sua* mão está a vida de cada criatura e o fôlego de toda a humanidade" (Jó 12:10, grifo meu).

Assim, Deus não fez mais do que exercer sua legítima prerrogativa. A única reação adequada é curvar-se diante dele, submeter-se à sua autoridade e confiar que ele faz todas as coisas bem. Porque, enquanto o seu braço é forte, a sua mente é grandiosa, o seu coração é bondoso, o seu amor é verdadeiro e o seu propósito é bom. Creio e confesso que não há nada melhor do que Deus fazer o que lhe apraz, nada mais adequado do que Deus fazer a sua vontade. Isso é verdade, quer cause riso, quer provoque lágrimas, quer me traga prazer, quer cause dor, quer dê, quer leve.

CAPÍTULO 27

A TROMBETA SOARÁ

Passou a ser meu costume visitar Nick nas tardes de domingo. Almoço e, em seguida, antes de me acomodar com um livro ou jogar bola, faço a curta viagem ao cemitério. É uma tradição que passei a valorizar, porque é naquele pequeno pedaço de terra encharcada de lágrimas, ali, diante daquela lápide de pedra escura, que me sinto mais próximo dele. Em toda a terra, ali parece ser o ponto de contato mais próximo entre pai e filho. Não posso vê-lo, não posso falar com ele, não posso abraçá-lo, mas posso, pelo menos, estar presente.

Hoje preferi vir cedo, antes do amanhecer, vir e ver o nascer do sol, porque este domingo é o Domingo de Páscoa. O solo está branco e congelado e o ar é frio. Afinal, ainda estamos apenas no início de abril aqui no Canadá. O céu começa a refletir os primeiros raios do sol nascente e eu me pego perguntando: *A que distância estão os mortos dos vivos? O que separa os nossos queridos, que se foram, de nós, que permanecemos? É um abismo ou é uma vala? É um momento ou uma era? É uma divisória de papel ou uma cidadela de pedra? É um mar profundo que se estende além do horizonte ou uma poça rasa que evapora sob nossos pés? Quão perto ou quão longe estou do meu filho?*

Coloco meus fones de ouvido, abro o aplicativo de música e seleciono *Messias*, de Handel, a trilha sonora das maiores alegrias e das tristezas mais profundas de minha vida. Passo para a terceira parte, a segunda cena, o quadragésimo sétimo movimento e ouço enquanto o solista do baixo começa a cantar: "Eis que eu digo um mistério: Nem todos dormiremos, mas todos seremos transformados, num instante, num abrir e fechar de olhos, ao som da última trombeta" (1Coríntios 15:51, 52)[61]. Isso é a Escritura em forma de música, verdade envolta em oratório.

Certa vez, um amigo bem-intencionado, procurando me consolar, disse: "Nick se tornou uma estrela que brilha no céu à noite, sorrindo para você". Mas eu sei que almas são almas e estrelas são estrelas e nunca as duas se encontrarão, pois são de substâncias distintas. Uma alma não pode se transformar em uma estrela assim como uma estrela não pode se transformar em uma alma. Ainda assim, me pergunto: *Será que o Nick está mais perto ou mais longe do que a distância entre aquela estrela e esta terra?*

Outro amigo me disse que Nick se juntou às fileiras dos anjos e está mais presente conosco agora do que nunca. Mas, assim como estrelas são estrelas e almas são almas, anjos são anjos e seres humanos são seres humanos. Deus criou ambos, mas com diferença. Certamente, Nick não trocou sua humanidade por algo de uma ordem totalmente diferente. Ainda assim, pergunto-me: *Ele está mais perto ou mais longe do que a distância entre os seres humanos e os anjos, entre o mundo visível e o mundo invisível aos nossos olhos?*

Um sopro suave do vento agita a jovem árvore ao lado de seu túmulo, seus primeiros brotos estão começando a se formar no clima morno da primavera. A música avança para a próxima faixa e eu ouço o solista começar a cantar: "a trombeta soará, os mortos ressuscitarão incorruptíveis e nós seremos transformados" (1Coríntios 15:52). Agora, algo se agita dentro do meu coração. *Quão perto Nick está?*

Agora, eu vejo. Ou, melhor dizendo, eu ouço. Ele não está longe, não muito longe. Ele está a apenas um toque de trombeta de distância, pois, como acabei de ouvir, o fim começará com um som intenso e penetrante para anunciar a vinda do rei, para despertar os mortos adormecidos. Mas há mais. Nick está a apenas uma grande voz de distância,

---

[61] Todas as citações de *Messias*, de Handel, neste capítulo são retiradas de Charles Morris, "Handel's Messiah: Lyrics and Verse References", *Haven Today*, disponível em: https://haventoday.org/blog/handels-messiah-lyrics-verse-references, acesso em: 20 novembro 2020.

pois Jesus "com a voz do arcanjo e o ressoar da trombeta de Deus, o próprio Senhor descerá dos céus" (1Tessalonicenses 4:16). Em um momento, tudo estará quieto e, no outro, reverberará no mundo uma voz poderosa, que abalará a terra e dividirá os céus. O melhor de tudo talvez seja que o Nick está a apenas um momento de distância, pois Cristo prometeu voltar de repente, "num momento, num abrir e fechar de olhos" (1Coríntios 15:52). Pode ser agora. Ou agora. Ou agora. "Pois o Filho do homem no seu dia será como o relâmpago cujo brilho vai de uma extremidade à outra do céu" (Lucas 17:24). Milhares de anos de história serão consumados nesse único momento.

Ouço o contratenor entrar no lugar do baixo: "então se cumprirá a palavra que está escrita: 'A morte foi destruída pela vitória'" (1Coríntios 15:54). Então, naquele exato momento, ao som da trombeta e do grito de ordem, o reinado da morte chegará ao fim. Naquele momento, então, este cemitério, este lugar da minha maior tristeza, se transformará no lugar da minha maior alegria, pois este terreno entregará os seus mortos. Eles se levantarão, este, aquele, todos os que amam a Deus juntos, subindo ao encontro do Senhor. Este lugar, onde fazemos a coisa mais antinatural, descer corpos à cova fria, será o lugar onde testemunharemos a coisa mais incrível: corpos sendo levantados do chão para nunca mais morrer. O tenor se junta ao contratenor, iniciando um dueto, e cantam juntos: "Onde está, ó morte, o seu aguilhão?" (1Coríntios 15:55). Agora, todo o coro a uma só voz: "Mas graças a Deus, que nos dá a vitória por meio de nosso Senhor Jesus Cristo" (1Coríntios 15:57). A morte perdeu o seu aguilhão, porque a morte foi derrotada pela ressurreição de Jesus Cristo. O que parecia ser uma grande derrota na sexta-feira se transformou em um grande triunfo no domingo! A Páscoa é o dia da ressurreição, o dia da vitória, o dia da esperança.

Agora, essa esperança aumenta dentro de nós à medida que o *Messias* chega ao seu grandioso crescendo. Embora a obra-prima de Handel seja conhecida por seu famoso coro "Aleluia", sempre preferi o coro final, pois nele o coral junta os santos e os mártires, as criaturas vivas e os anciãos, para cantarem juntos: "Digno é o Cordeiro que foi morto e redimiu-nos para Deus pelo seu sangue de receber poder, riquezas, sabedoria, força, honra, glória e bênção". Esse coro se junta a toda criatura do céu, da terra e debaixo da terra e no mar, para cantar: "Àquele que está assentado no trono e ao Cordeiro sejam o louvor, a honra, a glória e o poder, para todo o sempre!" (Apocalipse 5:13). Eles ecoam os quatro seres viventes de Apocalipse, clamando: "Amém" (Apocalipse 5:14). Reiteradas vezes, centenas de repetições, depois milhares, o coro repete esta preciosa palavra: "amém". É verdade e certo, acontecerá, pois Deus decretou. E, portanto, "amém", eu digo. Juntando-me aos anciãos, prostro-me diante do trono, diante do rei, e adoro o seu nome com um alto e sonoro "amém".

CAPÍTULO 28

Siga os meus passos

No alto das montanhas da Suíça, chegamos a uma parte da trilha que passa ao longo de um espigão, uma borda estreita que separa uma montanha imponente em dois lados. Onde estávamos e mais adiante, o caminho era largo, mas, para ir desse ponto ao outro, teríamos que seguir uma trilha pequena e sinuosa que ficava escorregadia com o orvalho da manhã e cujas encostas íngremes despencavam para vales profundos. Nick nunca se deu bem com altura, nunca viu vantagem em correr riscos desnecessários. Seus olhos estavam arregalados, o rosto, pálido e os pés não saíam do lugar. Eu me virei e fiquei um pouco ao lado dele, tentando lhe dar confiança e tranquilizá-lo. "Basta seguir os meus passos", eu disse. "Não tenha medo. Sincronize os seus passos com os meus e eu conduzo você".

Esse é o dever de um pai tanto em momentos simples, como esse, quanto em situações muito mais importantes: guiar o caminho em que seus filhos seguirão. E, embora esse seja o seu dever para com todos os filhos, isso se aplica particularmente aos filhos homens, porque, assim como a mãe tem a responsabilidade especial de orientar as filhas, o pai também tem deveres especiais para com os meninos. Um pai deve viver de tal maneira que possa dizer aos seus filhos, às vezes literal e às vezes figurativamente: "Basta seguir os meus passos". "Você precisa saber viver como cristão neste mundo? Siga os meus passos. Precisa ser aplicado em sua profissão? Siga os meus passos. Precisa saber amar sua esposa e dirigir uma família? Siga os meus passos".

Eu adorava guiar o Nick. Gostava de vê-lo começar a me seguir, a me imitar dando o melhor de mim para imitar a Cristo. Eu o vi adotar alguns dos meus melhores hábitos, imitar alguns dos meus melhores traços. Eu o via analisar o modo que eu me relacionava com a mãe dele, examinar como eu me relacionava com as pessoas cujo pastoreio me foi confiado. Eu levei a sério a minha responsabilidade de liderar e ele levou a sério a sua responsabilidade de seguir.

Imaginei que eu orientaria o Nick por mais tempo do que de fato orientei. Imaginei que o orientaria no casamento, no ministério e na paternidade. Imaginei que o guiaria por toda a vida até a glória. Imaginei que, enquanto ele se preparava para atravessar aquele estreito espigão entre dois mundos, ele seria capaz de pôr os pés onde os meus já haviam pisado, assim como fez naquele caminho entre as montanhas alpinas.

Isso não quer dizer que eu estivesse completamente preparado para guiar naquele caminho. Assim como Nick tinha medo de passar por uma cordilheira suíça com encostas íngremes em ambos os lados, eu tinha medo de passar pelo caminho estreito que leva da vida à morte. Eu tinha medo de morrer. Eu sabia que Jesus já tinha preparado e trilhado o caminho, que devemos tão somente seguir o caminho que ele percorreu primeiro. Assim como Deus conduzia o seu povo durante a noite com a luz brilhante de uma coluna de fogo, nós também somos conduzidos por meio da morte por aquele que é a própria luz da vida.[62] Mas a ideia ainda me assustava. Eu ainda não era capaz de confiar, ainda não estava pronto para ir.

No funeral de Nick, pedi que cantássemos o velho hino *Face to Face* [Face a face], para professarmos juntos a nossa confiança de que cada um de nós um dia estará diante da face do próprio Cristo.

> Face a face, com júbilo e amor!
> Face a face, ver e conhecer;
> face a face, eis o meu Redentor,
> Jesus Cristo, que na cruz me fez vencedor.[63]

---

62 Veja Adelaide Rodham, *The Footsteps of Christ* (Edinburgh: T&T Clark, 1871), p. 318.
63 Carrie Ellis Breck, *Face to Face with Christ My Savior*, Hymnary.org, disponível em: https://hymnary.org/text/face_to_face_with_christ_my_savior, acesso em: 19 abril 2022 [Domínio público].

Contudo, não posso negar que muitas vezes ansiei por esse dia na mesma proporção em que o temi. Eu queria estar com Cristo, mas era avesso a ficar longe de tudo o que existe aqui. Desejei estar face a face com ele, mas tive medo de trocar a familiaridade deste mundo pela incerteza do outro. Às vezes, preferia a terra ao céu, a visão à fé, o aqui ao lá.

No entanto, Nick passou na minha frente pelo caminho. O seguidor se tornou o líder e o líder, o seguidor. Surgindo à minha frente, ele me deu coragem, fé e ânimo. O meu medo da morte evaporou no momento da morte do Nick. Por que eu deveria ter medo de andar no caminho que ele já percorreu? Como a minha coragem poderia faltar se a dele se manteve firme? Sabendo que ele não voltará para mim, por que eu deveria ter o mínimo medo de ir até ele?

Entretanto, uma questão me deixa perplexo, um aspecto me preocupa. Quando penso no céu, Nick tem tanta proeminência quanto Jesus. Para ser sincero, muitas vezes tem mais. Jesus prometeu que iria primeiro e prepararia um lugar para nós, para que, onde ele estiver, nós estejamos também. Mas onde ele está é onde o Nick está e não posso separar os dois facilmente. Estar no céu é estar em casa com o Senhor, disse Paulo.[64] Mas também é estar em casa com Nick. O que diz de mim o fato de esse meu desejo de estar com Jesus ser igual, ou mesmo superior, ao de estar com Nick? Nos primeiros dias, quando a dor ainda estava tão presente, ainda tão avassaladora, tão crua, confessei a um amigo: "Quando meus pensamentos se voltam para o céu, penso menos em encontrar Jesus e mais em ver Nick. Tenho muita vontade de ver meu Salvador, mas a vontade de ver meu filho me dói. Devo parecer um completo pagão".

"Não", ele respondeu gentilmente, "você parece um pai enlutado".

Dei-me por satisfeito em deixar para lá, não comentei. Foi Deus que me chamou para si e ele mesmo pôs em meu coração um grande amor a ele. Foi Deus que me deu o meu filho, Deus que me deu tanto amor por ele e Deus que o tirou de mim. O Senhor sabe que

---

64 Veja 2Coríntios 5:8.

eu amo o Senhor e o Senhor sabe que eu amo o meu filho. Deixarei que ele resolva os pormenores.

Enquanto isso, estou pronto para morrer, pronto para caminhar pelo espigão estreito que leva daqui para lá. Isso não quer dizer que eu tenha desistido da vida e queira morrer verdadeiramente, tampouco que eu farei qualquer coisa para apressá-la. Ainda tenho pessoas por quem viver, ainda tenho deveres a cumprir, ainda tenho chamados a realizar. Estou contente em ficar aqui até que o Senhor me chame para o lar. Mas, quando ele fizer isso, darei um pulo e correrei por aquela passagem estreita sem nenhum medo. Estou pronto para seguir com alegria, coragem e confiança os passos do Salvador e de um filho que já passaram pelo caminho.

CAPÍTULO 29

O CÍRCULO SAGRADO

O Príncipe dos Pregadores me deu uma bofetada. Ao longo dos 130 anos que nos separam, Charles Spurgeon me confrontou e repreendeu. Disse palavras que apresentaram um desafio em meio à minha tristeza, uma reprimenda às profundezas do meu desespero. Moisés precisou do seu Jetro; Pedro, do seu Paulo; Calvino, do seu Farel e eu, do meu Charles. Foi uma mensagem enérgica que ele me comunicou, mas que eu precisava ouvir.

"A singularidade da tristeza é um desejo do sofredor", diz Spurgeon.[65] Aqui, em um momento especialmente sombrio, em um dia especialmente difícil, eu me sinto tentado a pensar que o meu sofrimento é absolutamente único, que eu, e somente eu, enfrento agora o pior que este mundo pode trazer. Sinto-me tentado a comparar a perda de um filho de vinte anos, um filho único e primogênito, com qualquer outro tipo de perda e a determinar que nenhuma poderia ser pior. Mas Spurgeon me chama a atenção: "Você está sentado sozinho em silêncio e diz em seu coração: '*Eu* sou o homem que viu aflições'". Minha tentação é exatamente esta: achar que ninguém viu a aflição como eu, contentar-me com ninguém poder ter empatia comigo, porque ninguém sofreu como eu sofri.

Porém, é preciso haver um "mas" e Spurgeon certamente Spurgeon apresenta um: "Mas, assim como você, uma multidão de outros

---

[65] Charles Spurgeon, "Man unknown to man", *Metropolitan Tabernacle Pulpit*, vol. 35, 14 de abril de 1889, The Spurgeon Center, disponível em: www.spurgeon.org/resource-library/sermons/man-unknown-to-man, acesso em: 19 abril 2022.

viram aflições". A realidade é que não estou sozinho no meu sofrimento e não recebi um golpe mais duro do que o de tantos outros. Assim, ele me confronta com amor. Com amor, ele me diz: "Desça das alturas de quem procura consideração especial; não se entregue mais ao egoísmo do desespero. Você é apenas um peregrino ao longo do chão batido da Via Dolorosa". Em um instante, sinto que fui despertado, pois sei que ele tem razão. "Você é esse homem", disse Natã a David (2Samuel 12:7). E "você é esse homem", Charles me diz.

Agora, com novos olhos, olho para este caminho de tristeza, esta trilha de sofrimento, e vejo que "a escada da dor nunca está sem passageiros e, na liderança deles, está aquele cujo nome é 'homem de dores e experimentado no sofrimento' (cf. Isaías 53:3)". Na grandiosa companhia dos santos, estão muitos que conhecem a minha perda, muitos que carregam um grande fardo, muitos que andam mancando acentuadamente. À frente de todos nós, está a silhueta curvada e abatida de um homem carregando uma cruz pesada.

Apertei os olhos para enxergar quem trilhou o caminho antes de mim e logo começam a se materializar rostos familiares, rostos que conheço das páginas das Escrituras e dos anais da história. Passam-se apenas quatro capítulos da grandiosa e imensa narrativa da Bíblia quando a primeira morte golpeia os primeiros pais e o coração de Adão e Eva é arrasado pela morte de Abel. Não muito tempo depois, Jó sofre a perda de nada menos do que dez de seus filhos, sete filhos e três filhas. Os filhos de Arão, Nadabe e Abiú, logo caem diante do castigo de Deus, ao passo que os de Eli, Hofni e Finéias, caem diante do inimigo. Noemi está de luto pela perda do marido, quando sua tristeza é agravada pela morte de seus filhos Malom e Quiliom. Apenas algumas gerações depois, Davi sofre primeiro a perda de seu filho bebê e depois do seu filho preferido. Quando o Antigo Testamento dá lugar ao Novo, Zacarias e Isabel lamentam a perda de João pelas mãos de Herodes, enquanto Maria se entristece com a perda de Jesus pelas mãos de Pilatos.

À medida que a história continua e as fileiras dos fiéis continuam passando por mim, vejo os rostos marcados de lágrimas de muitos outros santos queridos que sabem o que é perder um filho. Catarina de

Bora deu à luz seis filhos de Martinho Lutero, um dos quais morreu na infância, enquanto outra, sua preciosa Magdalena, morreu nos braços do pai com apenas treze anos de idade. Idelette de Bure deu à luz apenas um filho de João Calvino, um filho chamado Jacques, mas ele nasceu prematuramente e sobreviveu apenas por um breve tempo. John Owen teve onze filhos, dos quais apenas um, uma filha, sobreviveu até a idade adulta, mas mesmo essa filha morreu antes de seu pai. John Bunyan sofreu um duro golpe quando perdeu sua preciosa Mary, que cuidou dele com tanta ternura durante sua longa prisão. Deus encheu a aljava de Cotton Mather, mas a morte a esvaziou, pois Mather viu apenas dois de seus quinze filhos viverem.

Como a morte de uma criança tocou reformadores e puritanos, assim também os grandes poetas foram afetados pela perda, muitos dos quais usaram seu ofício para expressar a dor. Charles Wesley lamentou um filho em *Wherefore should I make my moan* [Por que devo prantear?]:

> Deus proíbe que seu tempo se agigante;
> Deus faz lembrar o precioso empréstimo;
> Deus o levou para um lugar distante;
> Deus o tirou do meu peito para o seu íntimo:
> certamente o que ele quer é perfeito.
> Feliz em sua vontade me contento.[66]

Henry Wadsworth Longfellow lamentou uma filha em *Resignation* [Renúncia]:

> Como menininha não mais a veremos;
> pois, quando arrebatada indômita
> em nossos abraços novamente a envolvermos,
> ela não será mais uma criança;

---

66 Charles Wesley, *Death of a Child*, Hymnary.org, disponível em: https://hymnary.org/text/wherefore_should_i_make_my_moan, acesso em: 19 abril 2022 [Domínio público].

> mas, na mansão de seu Pai, uma linda donzela
> vestida de graça celestial;
> e bela, do alcance da alma bela,
> contemplaremos o seu rosto angelical.[67]

Hannah Flagg Gould escreveu sobre uma criança que viveu apenas um ano e um dia:

> Para lamentar a noite que vai galgando,
> uma mãe triste está deitada
> sobre o travesseiro, chorando
> o bebê morto que lhe faltava.
>
> Quando ao seu tesouro se agarrou,
> um ano e um dia ele tinha,
> sua própria medida: o tempo que cessou.
> Partiu, como o raio de sol de uma manhã comezinha![68]

John Paton estava apenas três meses em seu ministério entre as tribos canibais das Novas Hébridas quando seu filho nasceu, mas, poucos dias após a feliz ocasião, sua esposa e filho seriam enterrados no túmulo. David e Mary Livingstone perderam uma filha; William e Dorothy Carey, duas filhas e um filho; Hudson e Maria Taylor, quatro de seus oito filhos antes mesmo de atingirem a idade de dez anos.

Fanny Crosby falou de seu luto ao dizer: "Deus nos deu um bebê terno, mas os anjos desceram e levaram nossa criança para Deus no seu trono."[69] Theodore Cuyler, que fora pastor da maior Igreja Presbiteriana dos Estados Unidos, perdeu dois de seus filhos na infância

---

67 Henry Wadsworth Longfellow, "Resignation", Henry Wadsworth Longfellow (site), Maine Historical Society, disponível em: www.hwlongfellow.org/poems_poem.php?pid=117, acesso em: 19 abril 2022 [Domínio público].
68 Miss H. F. Gould, "The Child of a Year and a Day", in: *Poems* (Boston: Hilliard, Gray, 1853), vol. 3, p. 35.
69 Fanny Crosby, *Fanny Crosby's Story of Ninety-Four Years*, recontada por S. Trevena Jackson (New York: Revell, 1915), p. 57.

e outro aos 21 anos e muitas vezes escreveu em tom comovente sobre suas visitas ao cemitério de Green-Wood, onde eles, e agora ele próprio, aguardam o dia da ressurreição. Seu contemporâneo do sul, Thomas Smyth, sepultou duas crianças pequenas no mesmo túmulo, no mesmo dia.

O tempo me é insuficiente para falar de Matthew Henry, Jonathan Edwards, George Whitefield, Lemuel Haynes, Selina Hastings, Frederick Douglass, George Müller e tantos outros.[70] Falaria de Charles Spurgeon e D. L. Moody e de tantos outros que suportaram a dupla tristeza da perda de um neto. Somente nos tempos mais modernos e nas nações mais privilegiadas é que a morte das crianças nos surpreende e parece-nos incomum. Spurgeon tem plena razão quando diz que a singularidade da dor é apenas um desejo daquele que sofre. Uma multidão de preciosos irmãos e irmãs pode ter empatia com a minha perda, pois eles próprios a sofreram. O sofrimento deles os preparou para se solidarizarem e consolarem-me em minha tristeza.[71] Eu os percebo se aproximarem de mim. Não ando sozinho.

E não são apenas os mortos que me alcançam, mas também os vivos. Poucos dias depois de Nick partir para ficar com Jesus, um pai enlutado que mora longe de nós enviou uma longa carta para contar sobre sua experiência com a morte de seu filho de vinte anos. Essa carta se tornou o meu manual, o meu guia, durante esses primeiros dias. Por meio de um amigo em comum, fizemos contato com um casal de

---

[70] Você pode ler breves relatos de muitas dessas pessoas em James W. Bruce III, *From Grief to Glory* (Edinburgh: Banner of Truth, 2008), um livro que me teria poupado muito tempo se o tivesse lido antes de fazer todas as pesquisas para este capítulo.

[71] Entre os livros históricos específicos para o luto de um filho estão Thomas Smyth, *Solace for Bereaved Parents* (New York: Carter, 1848); William Logan, *Words of Comfort for Parents Bereaved of Little Children* (London: Nisbet, 1867); Theodore L. Cuyler, *The Empty Crib: A Memorial of Little Georgie, with Words of Consolation for Bereaved Parents* (New York: Carter and Brothers, 1868); e N. W. Wilder, org., *Little Graves: Choice Selections of Poetry and Prose* (New York: Nelson & Phillips, 1876). Entre as obras mais recentes estão Nicholas Wolterstorff, *Lament for a Son* (Grand Rapids: Eerdmans, 1987) [edição em português: *Lamento: a fé em meio ao sofrimento e à morte* (Viçosa: Ultimato, 2007)]; Jerry Sittser, *A Grace Disguised: How the Soul Grows Through Loss* (1995; reimpr., Grand Rapids: Zondervan, 2021); e Nancy Guthrie, *Holding On to Hope: A Pathway through Suffering to the Heart of God* (Wheaton: Tyndale, 2002).

uma cidade próxima. Eles haviam perdido um filho fazia dez anos. Eu e Aileen nos encontramos com eles, conversamos com eles, choramos com eles e fomos abençoados com a amizade e as orações dos dois. Um pastor que lê meus primeiros artigos sobre Nick e pensa "Não consigo imaginar como seria" sofre a perda de seu próprio filho exatamente um mês depois. Ele e a esposa logo se tornam nossos amigos. Com essas pessoas, podemos falar livre, sincera e conscientemente, pois estamos trilhando o mesmo caminho.

É nas páginas de um dos livros de Theodore Cuyler que encontro uma frase reconfortante. Após a morte de seu jovem Georgie, ele recebeu uma enxurrada de correspondência de amigos, leitores e pessoas da igreja que escreveram palavras de conforto e consolo. Ele logo percebeu, assim como eu, que a morte de um filho o introduzira ao "círculo sagrado dos aflitos", uma comunidade formada por companheiros sofredores. Ninguém lhe convidara para o círculo nem lhe perguntara se queria participar. Pelo contrário, a providência lhe ordenara que fizesse parte dela e ele decidiu se submeter, dobrar os joelhos.[72]

Eu jamais desejaria que alguém se juntasse a esse círculo, esse clube, pois a taxa de associação é a morte de um filho e as mensalidades são o coração partido. No entanto, os que se associaram recebem um consolo inestimável, pois sabemos que nenhum de nós precisa ficar sozinho. Mesmo que não tenhamos ninguém na família, na vizinhança ou na igreja que tenha sofrido uma perda assim, nesse círculo, unimo-nos àqueles que já passaram por seus sermões e livros, seus poemas e canções. Nós nos unimos em comunhão com eles, a fim de que se solidarizem conosco, animem-nos e incentivem-nos. Ao longo dos milênios, apertamos as mãos dos nossos companheiros de luto enquanto permanecemos e lamentamos juntos, enquanto incitamos uns aos outros ao amor e às boas obras, à medida que nos aproximamos daquele lugar onde o próprio Deus enxugará todas as lágrimas dos nossos olhos, onde a morte não existirá mais e onde não haverá mais luto, choro nem dor, pois essas coisas antigas terão enfim passado completamente.[73]

---

72 Atribuído a um dos conhecidos de Theodore Cuyler, em Cuyler, *The Empty Crib*, p. 102.
73 Veja Hebreus 10:24; Apocalipse 21:4.

CAPÍTULO 30

OS ANJOS NÃO SABEM

É demais para hoje. Está pesado demais, triste demais, doído demais. Estou afundando. Estou sobrecarregado. Estou me afogando. Preciso que um anjo venha ministrar para mim neste vale de dor, de um Arão que me sustente os braços durante esta longa batalha, de um Jônatas que me fortaleça em Deus. Preciso do cajado de um pastor que me puxe para perto, dos braços de um pai que me segure firme, das asas de um pássaro que me abrigue. Preciso de alguma coisa. Por favor, Senhor, dê-me alguma coisa.

Pensei que seria mais fácil. Achei que eu teria ido mais longe. Mas hoje é o dia em que o Nick planejou se casar e a tristeza disso me apanhou de surpresa. Novas ondas de dor me inundam quando penso no que deveria ter sido ou pelo menos o que poderia ter sido. Este dia poderia ser, de todos os tempos, um dos mais importantes para mim, mas está entre os mais depressivos de todos os tempos. Poderia ter sido um dia de grande celebração, mas, ao contrário, é um dia de profunda tristeza. Já chorei pelo que foi, mas hoje choro pelo que nunca será.

Aileen desce as escadas para me tirar deste abatimento e podermos ir ao cemitério. Desviamos de nossa rota habitual para pararmos em uma florista local, que preparou uma flor de lapela do tipo que Nick teria fixado em seu terno no dia de hoje. Uma rosa branca, folhas verdes de sálvia e raminhos de gipsófila (véu-de-noiva). Eu o imagino diante de mim, alto, orgulhoso, ansioso e nervoso. Ele teria ficado tão bonito. Dirigimos em silêncio, nossas lágrimas diziam o que nossa boca não conseguia.

O cemitério está silencioso nesta manhã e parece que temos o lugar quase só para nós, exceto por um jardineiro que cuida da grama ao longe. Pusemos a flor de lapela junto ao túmulo e eu coloquei uma caneca de café ao lado dela: nossos presentinhos para ele. Tenho um maço de papéis no bolso, é o discurso que teria feito na recepção do seu casamento. Eu o escrevi mais por mim do que por ele, claro. Mas, mesmo que ele não possa ouvir, ainda quero dizer tudo o que um pai diria no casamento do filho. Quero expressar a minha alegria, o meu amor, o meu orgulho. Eu tinha planejado ficar aqui e dizer tudo em voz alta, mas, agora que chegou o momento, descubro que não tenho forças, não tenho palavras, nem mesmo voz. Por isso, dobrei as folhas de papel com cuidado e aninhei-as com ternura à sombra de sua lápide. Esse discurso permanecerá sem ser lido.

Durante uns instantes, apenas ficamos em silêncio e olhamos para tudo, um ao lado do outro, de braços dados. Choramos juntos, um pai e uma mãe de coração partido afogando-se em nossa dor. Estávamos abatidos. Estávamos sozinhos. Estávamos abandonados. Meu Deus, meu Deus, por quê?

O silêncio é quebrado quando uma voz falou o meu nome. Nós nos viramos e vimos que um homem e uma mulher se aproximavam de nós por trás. Eles se apresentaram como irmãos na fé que conhecem e frequentam o meu site e têm lido meus artigos e atualizações sobre a família. Eles nos contaram que o filho deles está enterrado a poucas fileiras de Nick e que estão a um pouco mais de tempo que nós no caminho da dor. Apesar de não terem o costume de visitar o cemitério aos sábados, eles se sentiram movidos a ir exatamente neste dia e precisamente nesta hora. Eles nos avistaram e, reconhecendo-nos, vieram até nós.

Nós tentamos conversar com essas pessoas gentis, nós *queríamos* falar com eles, mas as palavras paravam na garganta. É tanta coisa que gostaríamos de dizer, mas as palavras não vêm. A dor nos deixou mudos.

Eles viram as nossas lágrimas, perceberam a nossa tristeza e entenderam. E disseram estas preciosas palavras: "Vamos orar juntos". Fizeram uma oração linda, maravilhosa e apaixonada. Oraram enquanto pessoas que conhecem a Deus como um amigo conhece outro amigo. Oraram enquanto pessoas que sabem o que é estar enlutado, que sabem o que é ter o coração partido, que sabem o que é clamar do fundo da alma. Oraram para que o consolo do céu descesse sobre nós como os raios quentes do sol da tarde.

Quando se despediram, mal pude acreditar no que Deus proveu para nós. Deus ouviu o clamor do nosso coração e enviou seus anjos. Ele sabia das nossas necessidades e enviou seus mensageiros. Surpreendo-me que as lágrimas que agora jorram dos meus olhos se transformaram em lágrimas de alegria, lágrimas de gratidão, lágrimas de louvor. "Já fui jovem e agora sou velho", disse Davi, "mas nunca vi o justo desamparado" (Salmos 37:25). Eu devia saber. Eu devia ter acreditado.

Agora, com a força que Deus providenciou, posso ler o discurso que preparei para o meu filho, o discurso que deveria ser falado na animação agitada de um salão de festas, mas que agora deve ser lido na solidão de um cemitério. Imagino Nick no seu terno, Ryn vestida de noiva, minhas meninas como damas de honra e Aileen resplandecendo de orgulho. E li:

> Imagino que todo pai e toda mãe hão de concordar que não é apenas a noiva que sonha com o dia do seu casamento nem apenas o noivo, mas também os pais. Portanto, este é um dia com que Aileen e eu sonhamos, um dia pelo qual oramos. É um dia de muita alegria, de muita expectativa, muita celebração.
>
> Nick, quando você era bebê, com apenas poucos dias de vida, eu comecei a orar por sua futura esposa. Comecei a orar para que Deus separasse uma mulher maravilhosa e piedosa para você, que ele primeiro a chamasse para si e depois a conduzisse até você. Fiz essa oração quando você era um bebê de colo, quando você era uma criancinha brincando pela casa, quando você era um adolescente desajeitado saindo para o ensino médio e quando você era um jovem assustado que deixávamos na faculdade. Não muito tempo depois de você ter chegado a Boyce, começamos a ouvir o nome de Ryn. E, depois de ter lidado com

alguma rejeição apressada (e eu diria até que merecida, porque tudo tinha acontecido um pouco rápido demais e um pouco forte demais), você se orientou novamente, recuperou a confiança e encontrou sua esposa. Portanto, este dia é uma resposta a tantas orações.

E que júbilo foi conhecer a sua noiva! Eu e sua mãe sempre soubemos que você procuraria uma mulher de caráter, uma mulher que ama a Deus e às pessoas criadas à sua imagem. E você realmente se superou. Ryn, muitas vezes nos perguntávamos como seria receber outra filha em nossa família, mas não poderíamos imaginar o quanto você facilitaria esse processo e quanta alegria nos traria. Não poderíamos imaginar a rapidez com que se tornaria uma das meninas, uma das nossas meninas. Estamos honrados por você estar disposta a se juntar à nossa família e assumir o nosso nome. Estamos gratos por você estar disposta a dedicar a sua vida ao nosso filho, assim como ele dedica sua vida a você. Você ganhou um marido que, digo sinceramente, é um dos melhores homens que conheço. Ele é paciente e bondoso. É zeloso e honrado. Tardio para pecar e célere para pedir perdão. Os seus dons são muitos e seus defeitos são poucos. Estou muito entusiasmado por vocês terem escolhido construir uma vida juntos.

Nick, Salomão diz: "O filho sábio dá alegria a seu pai" (Provérbios 15:20) e posso verdadeiramente dizer que, entre as muitas alegrias que Deus me concedeu nesta vida, poucas foram maiores do que a alegria de ser seu pai. Poucos prazeres me abençoaram mais do que ver você crescer em sabedoria, piedade e graça diante de Deus e dos homens (cf. Lucas 2:52). Estou muito feliz de ver o homem que você se tornou e que está prestes a se tornar. Estou emocionado de ver como você cresceu com um caráter marcadamente cristão. Estou animado de ver você trabalhando com tanta dedicação para ter um começo forte no ministério e para se preparar para uma vida inteira de serviço aos outros. Estou tão orgulhoso de você, Nick. Uma das minhas maiores honras é considerar você não apenas um filho, mas também um amigo; não apenas um orientado, mas também um orientador. "O homem que ama a sabedoria dá alegria a seu pai" (Provérbios 29:3). De verdade, meu garoto, você faz meu coração transbordar de alegria, felicidade e orgulho.

A esta altura, acho que devo dar alguns conselhos, algumas palavras de sabedoria nascidas de quase um quarto de século de casamento: leve cada dia como se fosse único. Cada manhã marca a criação de um novo dia e cada noite marca o seu fim. Não podemos viver no passado e não podemos viver no futuro. Só podemos viver no dia em que Deus criou para nós. O segredo de viver bem a vida é viver bem cada dia. Portanto, comece cada dia como uma nova oportunidade para dar glória a Deus e encerre cada dia como se você nunca fosse ter outro. Que nenhum pecado perdure de um dia para o outro, que nenhuma amargura crie raízes durante a noite. Que nenhuma promessa permaneça não cumprida e não prive nenhum bem ao seu próximo quando estiver em seu poder ajudar. Se há deveres a cumprir, cumpra-os hoje e, se há louvores a oferecer, ofereça-os hoje. Se há pecados a confessar, confesse-os hoje e, se há reparações a fazer, faça-as hoje. Ontem é passado e amanhã nunca é garantido. Existe tão somente o hoje.

E, por falar em hoje, hoje é o dia de celebrar a sua vida e celebrar o seu casamento. Em vez de terminar com um brinde tradicional, eu gostaria de terminar com uma bênção bíblica, com as palavras do próprio Deus: "Que o próprio Deus da paz os santifique inteiramente. Que todo o espírito, a alma e o corpo de vocês sejam preservados irrepreensíveis na vinda de nosso Senhor Jesus Cristo. Aquele que os chama é fiel, e fará isso. A graça de nosso Senhor Jesus Cristo seja com vocês" (1 Tessalonicenses 5:23-24, 28).

Sabemos que essa graça esteve com o Nick em sua vida e em sua morte. E o mesmo Deus que foi tão fiel a Nick provou hoje a sua fidelidade a nós. Ele não nos deixou. Não nos abandonou. Jamais faria isso. Jamais o fará.

CAPÍTULO 31

Do outro lado do muro

Conta-se a história de uma mulher convalescente e da linda videira que crescia em seu quintal. Confinada em sua propriedade durante sua longa recuperação de um acidente, ela voltou a atenção para o pequeno terreno dos fundos de sua casa. Ela plantara a videira em uma manhã fresca de primavera, sonhando com o dia em que, dado tempo e cuidado suficientes, a planta cresceria e cobriria o muro que marcava o limite de sua propriedade.

A mulher amava aquela planta e cuidava dela atentamente, podando-a, regando-a e nutrindo-a. Sob os cuidados da mulher, a videira criou raízes e não parou de crescer, sempre se expandindo, sempre se segurando, sempre se agarrando, à medida que crescia para cima e para fora. Poucas estações se passaram, a videira cobriu o muro com suas folhas verdes exuberantes. Mas, apesar de todo o empenho da mulher, as flores produzidas eram poucas e pequenas. Mesmo assim, ela encontrou em sua planta uma fonte de grande admiração e verdadeiro prazer.

Assim como ela, os moradores da vila também se alegraram com a planta, pois, sem o conhecimento dela, as raízes se estenderam por debaixo da fundação do muro; os ramos atravessaram as fendas e as gavinhas alcançaram o topo, de onde se derramaram sobre o outro lado, em uma maravilhosa cascata de flores belas e perfumadas. Muitas pessoas que passavam por lá paravam para admirar a beleza da videira. Os amigos que a visitavam relataram a cena para ela e explicaram que a planta deveria preferir o outro lado do muro, pois, enquanto seu quintal tinha a sombra dos ramos de carvalhos e dos olmos poderosos, o outro lado não tinha sombra; enquanto seu quintal recebia apenas a luz fraca da manhã, o outro lado ficava exposto ao pleno calor do sol da tarde. Era lá, do outro lado, que as flores eram maiores e mais bonitas, mais perfumadas e mais vibrantes.

Ela parou para analisar os relatos de que suas flores prosperavam do outro lado do muro. Será que deveria lamentar por não poder ver a maior beleza delas, por outros desfrutarem-nas de uma forma que ela não podia? Ela decidiu que não reclamaria mais. Ela se alegraria com a beleza de suas flores, apesar de não poder vê-las. Ela se alegraria com o prazer dos amigos e dos estranhos que se aglomeravam ao redor delas. E ansiava pelo dia em que, curada e sã, finalmente poderia sair pelo portão do jardim e ver as flores por si mesma.[74]

Como todos os pais, eu tinha esperanças para o meu filho, mas prontamente aprendi que era melhor deixar que ele sonhasse seus próprios sonhos, depois apoiá-lo em suas escolhas. Ele sonhava com uma vida simples e tranquila dedicada à família e à igreja local. E se propôs a realizar essa ambição. Começou a identificar os seus dons e a preparar-se para usá-los em favor dos outros e para a glória de Deus. Começou a aprimorar talentos e desenvolver habilidades que o preparavam para uma vida inteira de ministério pastoral. Começou a aperfeiçoar seu caráter e a progredir em sabedoria, estatura e graça diante de Deus e dos homens.[75] Fazia progressos constantes; todas as suas trajetórias eram corretas. Então, ele se foi. Partiu antes que eu pudesse vê-lo realizar qualquer um dos seus sonhos. Morreu noivo, não marido; aluno, não bacharel; seminarista, não pastor. Morreu antes de o vermos como homem casado, pai orgulhoso, ministro ordenado do evangelho. Tanta coisa por fazer, tantos começos e tão poucos fins.

---

74 Inspirado no poema de Alice Cary, *April*, no qual figuram estes versos: "Então, nem mesmo para os mortos atarei minha alma à dor: a morte não pode dividir por muito tempo; não seria como se a rosa que escalou o muro do meu jardim tivesse florescido do outro lado?". Encontrado em Katharine Lee Bates, org., *The Poems of Alice and Phoebe Cary* (New York: Crowell, 1903), p. 261.

75 Veja Lucas 2:52.

O que aconteceu com todos esses sonhos e ambições? O que aconteceu com todo aquele progresso? O que aconteceu com sua bondade típica e sua disposição para a bondade? E o seu desejo de servir a Deus ao servir aos outros? Tudo se foi junto com ele?

Certamente não. Será plausível que todos aqueles sonhos e ambições tão nobres, características tão raras e preciosas, sintam-se ainda mais à vontade no céu do que na terra? Será possível que, nesse lugar de perfeição, elas não tenham sido extintas, mas aumentadas, não diminuídas, mas multiplicadas? Não é certo, portanto, que eu transforme meu lamento em louvor, minha dor em esperança, minha tristeza em expectativa, confiante de que Nick foi para onde ele pode vicejar, onde ele pode florescer, onde todos os seus sonhos podem se realizar? Porque, embora eu não o veja agora, posso ter a certeza de que ele está florescendo ali, do outro lado do muro, onde o sol é mais brilhante, onde todas as sombras se dissiparam. E posso ansiar pelo dia em que também passarei pelo portão do jardim para finalmente vê-lo naquele lugar para onde ele não foi para morrer, mas para viver de verdade.[76]

---

[76] A última frase foi retirada de P. B. Power, *A book of comfort for those in sickness* (1876; reimpr., Edinburgh: Banner of Truth, 2018), p. 97.

Verão

CAPÍTULO 32

Coragem, caro coração

Embora o verão mal tenha começado, estamos no meio de uma longa e escaldante onda de calor, já em condições de seca. Esta é normalmente uma época do ano em que podemos contar com o pleno esplendor dos nossos gramados e jardins, mas a grama já começa a parecer castanha e seca, as flores estão murchas e desbotadas. O sul de Ontário é conhecido por experimentar quatro estações distintas com duração aproximadamente igual, mas, neste ano, a beleza fresca da primavera se transformou muito depressa no calor do verão.

Algumas semanas atrás, o cemitério colocou grama fresca sobre a sepultura de Nick, uma suave manta verde para cobrir seu local derradeiro. Mas, embora seja responsabilidade deles colocar o gramado, eles assumem pouca responsabilidade por regá-lo. Sabendo que, nessas condições, ela não pode durar muito tempo sem uma rega diária, na maior parte dos finais de tarde, eu e Aileen fazemos a breve viagem de carro até o cemitério. Lá, arrastamos os regadores desde a torneira da área de estacionamento pela longa fileira de sepulturas até finalmente chegarmos à de Nick. Íamos e voltávamos, com alguns galões de cada vez. O solo rachado e seco absorve sedento cada gota, mas o gramado, pelo menos, está vicejando.

Percebi que, enquanto enchia os grandes regadores e saía em direção ao túmulo de Nick, a carga parecia leve em minhas mãos. Mas, à medida que prosseguia meu trajeto, andando pelo terreno irregular entre a estrada e o canteirinho da sepultura, os meus braços começavam a se cansar. Quando cheguei perto, os meus passos ficaram pesados e os meus braços começaram a doer. Muitas vezes, preciso tomar um pouco de fôlego antes de despejar a água e depois repetir a viagem. À sua maneira, este processo me parece uma parábola para o caminho do luto.

Às vezes, recordo-me daqueles primeiros dias em que o luto ainda era um estranho que estávamos conhecendo. Foi um período extenuante marcado por comoção, incerteza e coração profundamente partido. Não o desejaria ao meu pior inimigo. No entanto, apesar de terem sido difíceis, esses dias também foram mais simples. Tivemos pouco tempo para pensar, pouco tempo para ponderar, pouco tempo para lutar. Tínhamos de tomar um milhão de decisões e ações. Ficamos impressionados com as ofertas de ajuda, fomos inundados com demonstrações de apoio e mensagens de empatia. Os primeiros dias e semanas se passaram em uma espécie de borrão, um turbilhão frenético de atividade.

Por fim, o luto deixou de ser um estranho e passou a ser mais como um hóspede não convidado que claramente pretendia ficar mais tempo que o esperado. Aprendemos a conviver com a dor, a cultivar uma nova aparência de normalidade que envolvia a sua constante presença. Por fim, o batalhão de pessoas orando por nós diminuiu, o apoio da igreja e dos vizinhos se esgotou. Tivemos de aprender a viver essa nova vida para a qual Deus nos chamou. E, se nos primeiros dias precisávamos de força para manter a cabeça acima da água, força para tão somente não nos afogarmos em tristeza, agora necessitávamos de perseverança, de coragem para carregar um fardo pesado durante uma longa viagem.

Hoje, Aileen está um pouco doente; por isso, Michaela veio ao cemitério comigo. No carro, falamos sobre sua perda, sobre sua tristeza, sobre suas memórias favoritas de seu único irmão. Estou mais uma vez impressionado de que, mesmo que cada um de nós carregue a própria tristeza, cada um também carrega a tristeza uns dos outros. Ao mesmo tempo em que sofro com minha perda, sofro também a dela, porque, pior do que a tristeza de sofrer um grande luto, é a tristeza de ver a minha mulher e as minhas filhas terem que sofrer. É tristeza sobre tristeza, sofrimento sobre sofrimento, fardo sobre fardo.

Caminhamos juntos até à sepultura e regamos a grama, um retângulo verde saudável contrastando fortemente com o castanho queimado ao redor. Michaela fica para trás enquanto recarrego os regadores. Quando partimos para a viagem de retorno, percebi quão cansado eu estava: cansado do fardo físico de carregar latas de água, mas ainda mais, do fardo espiritual e emocional da dor. Não é preciso muita força para carregar um regador por um minuto ou dois, por três ou quatro passos. Mas, uma vez que a distância aumenta, o peso aumenta e o corpo fica mais fraco. O que era fácil no início pode ser doloroso no final. Uma viagem que começou com bastante vigor logo pode se transformar em um longo e difícil trabalho. E assim é a nossa dor.

No meio de meu trajeto, meus olhos recaem sobre uma lápide. Com o nome de outro jovem e as datas que registram o breve período de sua vida, diz apenas: "Coragem, caro coração". Reconheço imediatamente as palavras. Vêm da mente de Lúcia Pevensie, do coração de Aslan e da pena de C.S. Lewis. Em um dos livros d'*As Crônicas de Nárnia*, de Lewis, um pequeno navio chamado *O Peregrino da Alvorada* está bem longe da costa e em grande perigo. A escuridão se instalou e não dará trégua. A tripulação está apavorada, sem saber se haverá um dia seguinte. Desesperada, a jovem Lúcia sussurra: "Aslan, Aslan, se alguma vez nos amou, envie-nos ajuda agora". Logo, há um pequeno vislumbre de luz, depois um feixe crescente e cheio como um holofote; depois, um grande albatroz sai dos céus para os levar para a um lugar seguro. Depois de salvos do grande perigo, "ninguém, a não ser Lúcia, sabia que, enquanto enrolava o mastro, ele sussurrava para ela: 'Coragem, caro coração'". Aquela voz, ela tinha certeza, era a de Aslan.[77]

Não tenho conhecimento de nenhum grande perigo nestes dias e não preciso daquele tipo de coragem que sustentou a tripulação do Peregrino da Alvorada, quando enfrentaram o terror das trevas. Preciso de outro tipo de coragem. Recentemente, comentei com Aileen

---

77 1. C.S. Lewis, *The Voyage of the Dawn Treader* (1952; reimpr., New York: HarperCollins, 1994), p. 186-7 [edição em português: *As crônicas de Nárnia — A viagem do Peregrino da Alvorada*, trad. Ronald Kyrmse (Rio de Janeiro: HarperCollins Brasil, 2023), p. 180].

que, embora ainda associe Nick ao meu passado e ao meu futuro, não o associo mais ao meu presente. Eu o amo mais do que nunca; realmente, a ausência faz o amor crescer ainda mais. Contudo, já não espero mais ver o seu rosto ou ouvir a sua voz. Não tenho mais a sensação de que estou trancado em um pesadelo terrível do qual logo acordarei. A minha dor passou de uma dor aguda para algo mais parecido com uma dor surda. E sei que é uma dor que carregarei para o resto dos meus dias.

A coragem de que preciso agora é a coragem para enfrentar uma vida inteira de dor, a coragem para suportar um grande luto, a coragem para enfrentar um sofrimento longo com perseverança fiel. Preciso de vontade, de determinação, de tudo o que for preciso para permanecer leal a Deus e submisso aos seus propósitos. Preciso de força para continuar na presença da dor, força para seguir o caminho todo até o fim da jornada que o Senhor traçou para mim. E, enquanto paro por um momento para mudar os regadores na minha mão, ouço o sussurro também, um sussurro que diz: "Coragem, caro coração". E a voz, tenho certeza, é de Jesus.

CAPÍTULO 33

O MINISTÉRIO DO SOFRIMENTO

A morte é o grande interruptor. A morte é o grande interruptor, porque, na maioria das vezes, ela ataca quando menos se espera. Quando a morte chega, principalmente quando se trata dos jovens, interrompe planos, sonhos, projetos e objetivos. Um escritor observa o quanto é triste e patético quando um homem morre subitamente, entramos em sua casa ou local de trabalho "e vemos as coisas inacabadas que ele deixou: uma carta meio escrita, um livro meio lido, um quadro iniciado, mas não concluído. A vida é cheia de simples fragmentos", observa, "simples começos de coisas".[78]

Entrei no dormitório do Nick alguns dias depois da sua morte para analisar os seus pertences pessoais e decidir o que deveria ser guardado e o que deveria ser doado. Seu quarto dava todos os sinais de que ele esperava regressar. Havia livros na mesa esperando a preparação para as provas e dissertações finais. O quadro branco estava todo anotado com hebraico na preparação para os exames. As planilhas, cheias de listas de convidados ainda abertas no computador para a preparação do casamento. Tenho certeza de que ele ficou tão surpreso quanto nós de que todas essas tarefas ficariam incompletas para sempre, que seriam apenas fragmentos, meros começos de coisas.

---

[78] J. R. Miller, *The Ministry of Comfort* (London: Hodder & Stoughton, 1903), p. 14.

Não foi apenas a vida *dele* que foi tão inesperada e marcantemente interrompida. No dia anterior ao de sua morte, eu também estava cheio de planos. Eu havia acabado de começar meu próximo grande projeto de livro. Tinha acabado de rabiscar as primeiras frases do livro que pretendia escrever depois. Eu estava profundamente envolvido em vários tópicos de pesquisa e aprendendo a dominar novos softwares projetados para organizar e expressar ideias. Minha mente estava cheia de começos de coisas. Mas, no dia seguinte à morte de Nick, essas coisas também foram deixadas de lado e quase esquecidas. O que parecia tão urgente e tão importante no dia anterior pareceu quase irrelevante no dia seguinte.

Acabei pegando alguns desses tópicos e concluí alguns começos, mas apenas alguns. A morte de Nick me deu uma nova noção do que é importante, do que merece a minha atenção, do que vale a pena perseguir. Não apenas isso, mas Deus a usou para redirecionar o meu caminho. Se a morte é o grande interruptor, também foi o grande reorientador. A morte de Nick não foi o fim de minha vocação na vida, mas um novo começo para ela. Não encerrou a minha história, mas abriu um novo capítulo. Se cada um de nós é chamado por Deus para assumir algum tipo de ministério, a morte de Nick me chamou e preparou-me para assumir um novo tipo de ministério bem inesperado.

Uma antiga lenda fala da construção de uma das grandes catedrais da Inglaterra e do mestre construtor, que, tendo elaborado cuidadosamente seus planos, viajou para uma pedreira próxima, a fim de escolher as pedras que formariam a sua obra-prima. Debruçou-se sobre a grande coleção recolhida para a inspecionar e começou a imaginar quais pedras seriam adequadas para cada finalidade: quais eram adequadas para fundações firmes e pilares fortes, quais eram adequadas para as poderosas colunas e torres imponentes. Com confiança, escolheu uma pedra parcialmente desbastada; depois, pegou seu martelo em uma mão e o cinzel, na outra. Assim que o construtor começou a dar golpes na pedra, esta gritou de dor, mas o construtor a consolou, explicando que ela deveria ser moldada para fazer parte de sua grande obra de arte. Se ela conseguisse suportar a dor, veria que o plano era bom. E, com certeza, quando o mestre construtor terminou, a pedra foi cuidadosamente encaixada na capela-mor, onde deu testemunho ao longo dos séculos da genialidade do construtor.[79]

De igual modo, nosso Deus sabe como encaixar cada um de seu povo em sua igreja, pois, como o construtor da lenda, ele está criando uma obra-prima que mostrará sua genialidade e fará com que todos os que a virem glorifiquem seu nome. E, assim como o construtor ajusta a pedra ao propósito, Deus ajusta seu povo ao seu plano. Deus prepara o seu povo de diferentes maneiras, dá-lhe paixões diferentes e chama-o para ministérios diferentes: uns para a exortação, outros para a evangelização, uns para a liderança, outros para o ensino, uns para atos de generosidade e outros para atos de misericórdia.

Deus também chama alguns para o ministério da tristeza. Porque, assim como ele chama alguns para proclamar o seu evangelho em terras longínquas, ele chama alguns para dar testemunho da sua bondade em meio à dor. Assim como chama alguns para enfrentar com coragem o fogo da perseguição, ele chama outros para enfrentar com coragem a dor do luto. Assim como ele chama alguns para dar com generosidade e alguns para agir com misericórdia, ele chama outros para guardar o luto, permanecendo fiéis. E estou convencido de que esse é o ministério para o qual Deus me chamou: o ministério da tristeza, um ministério do sofrimento fiel.

Eu só seria preparado para esse ministério por uma grande perda. Quem é chamado para pregar deve ter a capacidade de se comunicar; quem é chamado para cantar deve ter talento musical; quem é chamado para a generosidade deve ter algo para oferecer. E quem é chamado para o ministério da tristeza precisa sofrer perdas. Se a imposição de mãos me ordenou ao meu ministério de pastor, o arrebatamento de Nick das minhas mãos me ordenou para esse ministério da tristeza. A morte de Nick é o martelo e o cinzel do construtor e eu, assim como a pedra, gritei de dor. Mas a morte do Nick também é a qualificação

---

79 Adaptado de J. R. Miller, "As Living Stones" (entrada da seção 2), in: *The Garden of the Heart*, Grace Gems, disponível em: https://gracegems.org/Miller/garden_of_the_heart.htm, acesso em: 19 abril 2022.

que me preparou para assumir a missão para a qual Deus me chamou. Se a pedra deve confiar no construtor para ajustá-la ao edifício, devo confiar que Deus ajustará o homem ao templo: o templo vivo que ele está construindo, onde os apóstolos são o fundamento, onde Cristo é a pedra angular e onde cada um de nós encontra o seu lugar e seu propósito, como os tijolos na parede.[80]

Não foi pouca coisa eu ter chegado a Cristo, não foi pouca coisa eu curvar os joelhos diante de Jesus e consagrar-me aos seus propósitos. Não é pouco cantar: "Tudo a Cristo, a ti entrego; tudo, sim, por ti darei! Resoluto, mas submisso..."[81]; ou: "Toma a minha vida e consagra-a a ti, Senhor".[82] Não foi insignificante eu orar: "Venha o teu Reino; seja feita a tua vontade" (Mateus 6:10); ou: "não seja feita a minha vontade, mas a tua" (Lucas 22:42). Não foi insignificante, pois eu sabia que Deus levaria a sério as minhas palavras. Quando Deus me chamou para me aproximar dele, ele me chamou por inteiro, cada parte de mim para ir ter com ele e percorrer o caminho inteiro. A ele entreguei o meu tempo, o meu dinheiro, os meus dons, os meus sonhos, os meus desejos. A ele entreguei a minha própria vida. E a ele entreguei a única coisa que considero mais preciosa do que a vida: a minha família.

Quando me acheguei a Cristo, entreguei-me a fim de que ele me usasse para os seus propósitos, não os meus, para buscar a glória dele, não a minha. Minha oração frequentemente tem sido para que Deus me torne útil, para que me prepare para ministrar da forma mais necessária. Então, como eu poderia me rebelar agora? Como posso agora me queixar? Ele não fez mais do que aquilo que o convidei a fazer.

Por que Deus me chamaria para o ministério da tristeza? Não sei. Ele não me contou e não me deve nenhuma explicação. Mas estou convencido de que ele espera que eu deixe a tristeza agir em mim. Não devo ser escravizado nem inutilizado por ela. Ele não quer que eu

---

80 Veja Efésios 2:20.
81 Judson W. Van de Venter, *I Surrender All*, Hymnary.org, disponível em: https://hymnary.org/text/all_to_jesus_i_surrender, acesso em: 19 abril 2022. [Domínio público.].
82 Frances R. Havergal, *Take My Life and Let It Be*, Hymnary.org, disponível em: https://hymnary.org/text/take_my_life_and_let_it_be, acesso em: 19 abril 2022 [Domínio público].

desperdice o resto de minha vida incapacitado por essa tristeza, mas, sim, que eu permita que ela me motive a glorificá-lo, fazendo bem aos outros.

Mediante esse ministério da tristeza, posso testemunhar perante um mundo cético que quem louva a Deus na dádiva também pode louvá-lo quando algo lhe é tirado, que quem honra a Deus em tempos de muita alegria ainda o honra em tempos de grande perda. Posso dar testemunho de que a fé pode sobreviver à tristeza, de que podemos ser contentes mesmo na perda, de que, quando somos fracos, somos verdadeiramente fortes, pois é quando somos fracos que ele nos dá a sua força. Por meio desse ministério, posso estar ao lado de outros que enfrentam perda semelhante e servir a eles no sofrimento, consolá-los com o consolo que eu mesmo recebi de Deus.[83] Agora estou preparado para suportar os fardos dessas pessoas e assim cumprir a lei de Cristo.[84] Recebi o que eu preciso para chorar sinceramente com os que choram, porque eles estão chorando as mesmas lágrimas que tantas vezes encheram os meus próprios olhos.[85] Assim, posso exercer esse novo ministério para o qual Deus me chamou.

Não sou o mesmo homem que era quando Nick estava vivo. Estou profundamente ferido, profundamente marcado, profundamente abalado. No entanto, sei que foi Deus quem decretou esse sofrimento e aceito-o como algo importante, precioso, sagrado. Eu o aceito como formação para um ministério para o qual ele me chamou. Estou pronto para aprender e aplicar as suas lições, por mais dolorosas que sejam. Sei que me tornarei melhor com isso, mais gentil, mais afável, mais empático, mais santificado e mais útil. Sei que Deus não me afastou do dever, mas levou-me para um novo dever. Ele não interrompeu a minha utilidade para ele, mas reorientou-a. E devo seguir para onde ele me conduz. Onde me levar, *irei*.

---

83 Veja 2Coríntios 1:4.
84 Veja Gálatas 6:2.
85 Veja Romanos 12:15.

CAPÍTULO 34

Deus, dê-me filhos homens

Eu adorava ser pai de menino. Adorava ser pai do tipo de filho que Salomão elogiou quando disse: "O filho sábio dá alegria ao pai" (Provérbios 10:1). Na verdade, Nick era um filho que deixou seu pai orgulhoso: muito orgulhoso de chamá-lo "meu filho". Ele foi, de muitas maneiras, a alegria do meu coração.

Sinto falta de ser pai de um filho. Sinto muita falta do simples prazer de ouvir uma voz masculina dizer: "Pai". Sinto falta de alguém seguindo de perto os meus passos, alguém que me observa, imita-me e espera minha direção do caminho a se seguir. Sinto falta de saber que alguém me procura como exemplo digno de marido, pai, pastor e cristão. Durante duas décadas, esse foi um dos meus chamados mais sagrados e preciosos. Depois, em um instante, já não era mais. O instinto paterno que era tão forte dentro de mim passou de abundante a vazio. Assim, enquanto sinto tanta falta de Nick, também sinto falta da parte da minha vida e identidade que estava dentro de ser seu pai, de ser pai de um rapaz. Sua morte deixou mais de um tipo de vazio.

Estou certo de que esta não é uma ideia nova sobre o luto, mas é algo que aprendi apenas com a experiência: algumas perdas não são apenas perdas de uma pessoa, mas também de uma identidade. Não choramos apenas pela pessoa que se foi, mas também pela parte da nossa identidade que partiu com ela. Levei algum tempo para compreender, processar e reconhecer isso. No entanto, quando olho para trás, consigo vê-la surgir silenciosa e inconscientemente.

Nos primeiros dias após aquela noite trágica, uma oração veio espontaneamente ao meu coração: "Deus, dê-me filhos homens". Essa oração esteve nos meus lábios muitas vezes no ano passado. Não é um pedido a que cheguei deliberadamente e pela reflexão, mas um pedido que simplesmente brotou de dentro, um pedido que talvez procurasse preencher um vazio, acalmar uma ferida angustiante e satisfazer um profundo anseio.

Confesso que sequer sei, na verdade, o que significa a minha oração nem como espero que Deus a responda. Embora eu sirva ao mesmo Deus que Abraão e Zacarias, não prevejo que ele responderá a essa oração me dando filhos biológicos. E, apesar de eu ter duas filhas que, acredito, me darão genros[86] e de eu aguardar ansiosamente para ser como um pai para eles, acho que pode haver mais do que isso. Mas não sei exatamente o quê. Não tenho clareza nenhuma nem impressão ou palpite algum. Apenas orações.

É claro que Deus não satisfaz todos os anseios deste lado da eternidade e não responde a todas as orações com um claro e inequívoco "sim". Ele não me deve resposta e eu não tenho o direito de exigir uma. No entanto, se Deus me ama como um pai ama um filho, não seria esse o tipo de oração a que ele provavelmente responderia? Não seria esse o tipo de oração que ele próprio poria em meu coração?

Não sei o que os anos trarão. Não sei quanto tempo o Senhor me reservou. Nunca estive mais consciente da minha dependência da sua providência nem mais disposto a reconhecer que Deus rege este mundo de acordo com a sua inescrutável sabedoria. Nunca estive tão disposto a confiar-lhe minha vida, meu coração e minhas orações. Por isso, por enquanto, continuarei orando com esperança, com fé e até com alguma expectativa. Continuarei orando: "Deus, dê-me filhos homens". E ficarei na expectativa de como Deus responderá, como Deus poderá dirigir, como poderá responder ao anseio do meu coração dolorido.

---

86 E (veja só!) Abby se casou com Nathan Elfarrah em 15 de maio de 2022, logo após eu ter concluído este manuscrito.

CAPÍTULO 35

Em pastos verdejantes

    Nenhuma obra de arte é mais bela, mais preciosa e mais insubstituível do que o salmo 23. Ele atravessou as eras como uma obra de arte mais requintada do que *A ronda da noite*, de Rembrandt, mais irrepreensível do que a *Mona Lisa*, mais instigante do que *A noite estrelada*, de Van Gogh. Os versos dos maiores poetas não conseguem corresponder às suas imagens e metáforas e as palavras dos maiores teólogos, à sua profundidade. Acadêmicos qualificados podem lutar com ele, mas as crianças pequenas conseguem entendê-lo. É lido ao lado de berços ricos e berços em casebres, ao lado de caixões e em criptas, em nascimentos e mortes, em casamentos e funerais. É recitado em forma de oração nos quartos, cantado em igrejas simples e em grandes catedrais.

    Esse salmo enxuga mais lágrimas, levanta mais mãos caídas e fortalece mais joelhos enfraquecidos do que qualquer homem ou anjo. Ele cuida de todo tipo de ferida e ministra para todo tipo de tristeza. Trocá-lo por toda a riqueza de todos os mundos seria o pior dos negócios. Eu preferiria ter escrito o salmo 23 a ter escrito *Hamlet*, a ter pintado os *Doze girassóis numa jarra* e a ter esculpido *O pensador*, pois, quando a peça de Shakespeare for esquecida, quando a pintura de van Gogh desaparecer e quando a escultura de Rodin for destruída, o cântico de Davi permanecerá. Nós nos empobrecemos se deixamos de lê-lo, de meditar nele e de o valorizar. Ficamos fracos quando não bebemos dele sem medida em nossos momentos de tristeza profunda.

    O grande salmo de Davi emprega a mais simples das imagens, a de um pastor e suas ovelhas, e dá-nos certeza da mais grandiosa das verdades: Deus está sempre presente com o seu povo. "O Senhor é meu pastor", diz com tanta simplicidade, "[e] de nada terei falta" (Salmos 23:1). Porque o Senhor é o seu pastor, essa ovelha pode ter a confiança de que nunca lhe faltará nenhum bem essencial, pois o pastor ama o seu rebanho e atenderá fielmente a todas as suas necessidades. Quando as ovelhas estão cansadas, o pastor as faz deitar em pastos verdejantes; quando têm sede, ele as conduz às águas tranquilas; quando são oprimidas, ele as restaura; quando se perdem ou estão inseguras, ele as conduz pelos caminhos certos. As ovelhas podem descansar em paz sob o olhar atento do pastor. Elas podem ter certeza de todo o conforto sob seu doce cuidado.

Às vezes, porém, os campos ficam estéreis e as nascentes secam. Em tempos assim, o bom pastor sabe exatamente o que fazer; sabe que deve conduzir as suas ovelhas para pastos frescos e águas refrescantes e tranquilas. Mas ele também sabe que o caminho será difícil, pois esses pastos e essas águas estão do outro lado de um vale escuro. Então, ele chama suas ovelhas para si e começa a levá-las para a escuridão, conduzindo-as por um caminho desconhecido.

Assim, à beira da incerteza, a ovelha diz ao pastor: "Mesmo quando eu andar por um vale de trevas e morte, não temerei perigo algum, pois tu estás comigo" (Salmos 23:4). Ainda que o pastor precise levar as suas ovelhas para a escuridão, guiá-las por vales desconhecidos, elas o seguem, pois ele está com elas. A força do pastor acalma seus medos e a presença dele sobrepuja a incerteza delas. Quando os inimigos se aproximarem, ele os afastará com sua vara; quando as ovelhas tropeçarem, ele as levantará com seu cajado.

Em breve, ovelhas e pastor mergulharão na luz do outro lado das trevas. Ali, eles se assentarão juntos novamente para descanso e refrigério. Mais uma vez, habitarão em doce paz.

O pastor que as faz passar pela escuridão as guia em meio às trevas e as tira desse vale sombrio.

Que consolo há em saber que o pastor que cuida das suas ovelhas ao lado de águas tranquilas é o mesmo pastor que cuida delas no vale das trevas. As ovelhas não entram como tolas nesse vale. Não são levadas para lá por lobos astutos nem perseguidas por ursos famintos. Elas vão para lá guiadas por seu pastor amoroso; entram ali apenas de acordo com o seu bom plano e propósito perfeito. Elas entram no vale apenas porque é para o benefício delas, porque o pastor as leva para algo melhor do outro lado. Elas não ficam sozinhas nem por um momento sequer, pois sempre o seguem.

O meu Pastor me chamou para percorrer um caminho difícil, um caminho de tristeza, um caminho de dor, um caminho manchado de lágrimas. O caminho é desconhecido para mim, mas familiar para ele, pois ele enxerga o fim desde o começo; ele sabe desde os tempos antigos as coisas que ainda estão inacabadas. Ele fala às trevas, declarando: "Meu propósito permanecerá em pé, e farei tudo o que me agrada" (Isaías 46:10). Posso ter nele toda a confiança de uma ovelha no seu pastor. Eu posso segui-lo, sabendo que "a bondade e a fidelidade me acompanharão todos os dias de minha vida, e voltarei à casa do Senhor enquanto eu viver" (Salmos 23:6).

E eu o seguirei, cantando essa canção pelo vale sombrio, meditando em suas verdades a cada passo. Ao enfrentar minhas provações, prefiro o salmo de Davi no coração ao cajado de Arão na minha mão, ao exército de Josué ao meu lado ou a todo o ouro de Salomão no cofre. Prefiro conhecer as palavras desse cântico a todos os grandes hinos da fé cristã. Prefiro perder tudo com o meu Pastor ao meu lado a ganhar o mundo inteiro sozinho. Sim, posso suportar a perda do meu filho enquanto souber da presença do meu Pastor. Posso percorrer este caminho, posso passar por este vale escuro, se tão somente o meu Pastor me conduzir, se tão somente ele guiar o caminho.[87]

---

87 A inspiração para esses pensamentos vem em parte de J. R. Miller, *By the Still Waters: A Meditation on the Twenty-Third Psalm* (New York: Crowell, 1898), disponível em: www.gracegems.org/Miller/still_waters.htm.

CAPÍTULO 36

O MEU BEM
MAIS PRECIOSO

Uma vez, ouvi falar de um velho que, até onde as pessoas se lembravam, carregava uma caixinha de madeira aonde quer que fosse. Quando visitava consumidores e clientes, a caixinha viajava com ele. Quando ia ao culto na igreja, a caixinha estava ao seu lado. Quando dormia, a caixinha ficava no seu criado-mudo. Em seu testamento, chegou mesmo a tomar cuidadosas providências. As lendas para adivinhar o que estava na caixinha se multiplicaram. Alguns diziam que era dinheiro; outros, joias; ainda outros, diamantes. Porém, quando chegou o dia e ele finalmente faleceu, constatou-se que todos estavam errados. A caixa foi aberta e quem estava lá viu que seu conteúdo nada mais era do que alguns pequenos brinquedos que pertenciam ao querido filho do velho, um menino que morrera há muito tempo. Aqueles brinquedinhos eram os bens mais preciosos do homem, os seus tesouros mais sagrados.

Eram tesouros, porque, apesar de provavelmente não terem valor algum aos olhos dos outros, eles tinham um valor incomensurável aos olhos daquele senhor, pois pertenciam a alguém que ele amava e perdera, alguém que lhe fora tirado dos braços e entregue aos anjos. Eram lembranças de momentos brilhantes e dias felizes e sinais de momentos ainda melhores e ainda mais abençoados pela frente. Quando aquele homem os olhava, tocava-os ou pensava neles, sua mente ia para o passado e voltava, ia para os dias na terra e para os dias no céu.

De alguma forma, esses objetos percorriam a vasta distância entre o homem e seu filho, entre os vivos e os mortos.[88]

Embora eu não possa criticar o Nick por algo que, na verdade, é uma virtude, eu quase desejaria que ele tivesse se importado mais com os bens. Chego quase a desejar que ele tivesse deixado alguns objetos de estimação, alguns itens que ele amava e valorizava acima de todos os outros. Se ele tivesse feito isso, eu talvez estivesse tentado a construir uma caixa para levá-la sempre comigo. Mas ele, pelo contrário, pouco se importava com as coisas. Se ele tinha comida para comer, roupas para vestir, um livro para ler e um computador para trabalhar, ficava satisfeito.

Na verdade, porém, ele deixou uma Bíblia. Quando decidiu que queria seguir o ministério e provou isso se matriculando no seminário, eu e sua mãe o presenteamos com uma Bíblia, do tipo que agradaria um pastor e duraria uma longa carreira de pregação, ensino e aconselhamento. Na página da dedicatória, escrevi algumas palavras simples para o incentivar a viver e a ministrar segundo a Palavra de Deus.

Até onde sei, pregou usando essa Bíblia apenas uma vez. Durante um estágio de verão em nossa igreja, teve a oportunidade de dirigir um culto à noite. Abriu sua Bíblia e ensinou apenas um pequeno trecho dela, uma mensagem curta baseada na verdade infalível. Eu não poderia ter ficado mais orgulhoso, orgulhoso de vê-lo ensinar e, mais ainda, orgulhoso de ver o seu compromisso com a Palavra de Deus nesse seu único sermão.

Essa Bíblia foi um dos poucos itens que reservamos quando limpamos seu dormitório do seminário, um dos poucos pertences que trouxemos para casa conosco. Durante algum tempo, ficou em uma prateleira, até que tive a ideia de pedir ao meu sogro que lhe fizesse um armário expositor. Ele começou a trabalhar e construiu um belo suporte de madeira teca e uma caixa de vidro: uma casa adequada para um bem precioso.

---

88 História resumida de Theodore L. Cuyler, *The Empty Crib* (New York: R. Carter and Brothers, 1868), p. 76.

Há alguns anos, viajei pelo mundo à procura de objetos históricos pelos quais eu pudesse contar a história da fé cristã. Encontrei centenas de candidatos dignos de nota, muitos dos quais eram Bíblias. Em um pequeno escritório de porão em Oxford, tirei a Bíblia de William Carey de uma caixa que fora construída em sua antiga bancada de sapateiro. Em um acervo em Belfast, li as notas escritas nas margens da Bíblia de Amy Carmichael e, em um museu de uma única sala em Bristol, li a anotação de George Müller em Tiago 1:27. Em um seminário de Sidney, folheei a primeira edição de uma tradução King James que tem o valor de uma casa e, em Manchester, contemplei um fragmento de papiro do livro de João que vale muitíssimo mais. Cada uma dessas Bíblias era uma maravilha, cada uma era uma parte da história.[89] Mas eu não trocaria nem uma sequer pela Bíblia simples, da English Standard Version, de capa de couro preta, que fica na caixa perto da minha escrivaninha.

Como o velho senhor de vez em quando abria a sua caixinha de madeira e olhava para os brinquedos que um dia foram segurados pelas mãos de seu filho, eu sempre contemplo essa Bíblia e deixo-a me lembrar de Nick, pois, a seu modo, ela cobre a distância entre pai e filho, entre aquele que ficou e o que seguiu em frente. Embora o objeto em si mesmo pouco me console, as palavras que ele exibe me consolam muito mais, porque eu a deixei aberta em 1Coríntios 15, com sua mensagem de graça, esperança, coragem e vitória. Essas palavras, lidas com tanto vigor no culto memorial de Nick, lembram-me da verdade quando a minha memória se desvanece, reforçam a minha fé quando o meu coração se cansa. Elas me lembram que o triunfo de Cristo sobre a morte também foi meu e de Nick. Elas me lembram que a própria morte foi vencida na morte de Cristo, de modo que, "da mesma forma que em Adão todos morrem, em Cristo todos serão vivificados" (1Coríntios 15:22).

---

89 Você pode aprender sobre muitas dessas Bíblias em minha série de livros e vídeos intitulada *Epic: An Around-the-World Journey Through Christian History* (Grand Rapids: Zondervan Reflective, 2020).

Nos dias em que uma tristeza particularmente profunda toma conta de mim, nos dias em que parece que estou sobrecarregado, levanto o vidro e retiro a Bíblia da caixa. Ponho-a no colo, folheio suas páginas e imagino o meu precioso filho fazendo o mesmo. Leio algumas de suas promessas e sorrio ao pensar que Nick já viu o melhor delas cumprido. Então, colocando a Bíblia de volta na sua caixa, agradeço a Deus pelo jovem que uma vez a possuiu, o jovem que uma vez a segurou, o jovem que uma vez a recebeu da minha mão e depois a devolveu.

CAPÍTULO 37

Não há nada de que ele precise

"Quem é o teu servo, para que te preocupes com um cão morto como eu?" (2Samuel 9:8). Essas palavras incrédulas saíram da boca de Mefibosete quando soube que, a partir daquele momento, seria bem-vindo para comer à mesa do rei e que lhe seriam restauradas as propriedades de seus pais. Em um único momento, ele é arrancado da obscuridade e transferido para a honra, pois em um único momento, o rei parou de tratá-lo como um súdito e começou a tratá-lo como um filho.[90]

A Bíblia dá muitos exemplos de amor entre amigos, mas nenhum é mais pedagógico do que o amor de Davi por Jônatas. A bondade que Davi demonstra para com o humilde Mefibosete não se dirige a ele em primeiro lugar, mas a seu pai, porque o filho só é notado por Davi depois que este pergunta a seus servos: "Resta ainda alguém da família de Saul a quem eu possa mostrar lealdade, por causa de minha amizade com Jônatas?" (2Samuel 9:1).

Davi sofrera há muito tempo a dolorosa perda do seu amigo mais próximo, mas nunca perdera o seu amor por ele. Conquanto as almas que eram unidas na vida tenham sido dilaceradas pela morte, a afeição permaneceu forte. Apesar de Davi não poder mais falar com seu amigo, não desfrutar mais de sua comunhão, não o incentivar mais nem ser

---

90 Veja Tiago 1:27.

por ele incentivado, seu coração ainda é amoroso para com ele. Por isso, já que não pode exprimir esse amor diretamente a Jônatas, decide exprimi-lo indireta, criativa e generosamente. A única coisa que Davi pode fazer para amar Jônatas é amar o filho de Jônatas.

Como cristãos, estamos habituados a ouvir que o amor é um verbo, que o propósito do amor não é apenas ser sentido, mas ser praticado. Não adianta nada para nossos filhos termos sentimentos calorosos por eles, mas nos recusarmos a alimentá-los e vesti-los. Não serve de nada para o mundo termos tanta empatia pelo estado das almas perdidas, mas deixarmos de falar de Jesus a uma pessoa. A religião que é pura e imaculada perante o Pai não é a religião que sente muito, mas a religião que faz muito: que visita órfãos em estado de aflição e ministra para as viúvas que sofrem.[91] Os sentimentos se destinam a provocar ação, para que os corações amorosos direcionem as ações de amor. Sendo assim, uma das grandes tristezas que vem com a morte de um ente querido é ficar com sentimentos que já não podem ser postos em prática.

Durante vinte anos, amei amar o Nick. Gostava de sentir amor por ele, mas, melhor ainda, de realizar o amor por ele, de pôr em prática as minhas afeições, pois a paternidade está totalmente relacionada com amar, dar e cuidar. Cuidar dele e de suas irmãs sempre foi uma das minhas maiores alegrias, servir-lhes sempre foi uma das minhas maiores honras e mimá-los, um dos meus melhores prazeres. Durante anos considerei uma alegria preparar a merenda escolar, embalar sanduíches, bolachas e caixinhas de suco, cada combinação personalizada um pouco de acordo com as preferências deles. Adorava criar a tradição de todo sábado convidar um deles para tomar café da manhã no restaurante local e tão somente podermos desfrutar um ao outro enquanto conversávamos e comíamos bacon, ovos e torradas. Quando foram deixando de ser crianças e começaram a conseguir emprego, criei o hábito de não me esquecer de acordar antes deles para eu preparar o café da manhã e abraçá-los antes de saírem. Ninguém deveria enfrentar um dia de trabalho intenso sem um abraço. Além disso, há o

---

91 Veja Apocalipse 6:10.

tremendo privilégio da oração. Sempre quis que soubessem que, antes do início do dia, eu já havia orado por eles. Que honra, que bênção foi interceder por eles dia após dia.

Eu esperava ansiosamente a próxima fase do amor por meus filhos, uma fase em que eu os amaria como adultos, em pé de igualdade, como pessoas já casadas. Mal podia esperar para amar os filhos dos meus filhos. Como sempre, Nick seria o pioneiro. Para me preparar, falei com amigos que têm filhos mais velhos que os meus. Pedi-lhes conselhos sobre a melhor forma de amar os filhos mais velhos, como servi-los e surpreendê-los na vida adulta, como eu tanto gostava de fazer na infância deles. Eles tinham muitos conselhos sábios sobre como amar, incentivar e mimar os filhos adultos. Eu estava animado para começar a pôr em prática a sabedoria deles.

Mas agora não há mais nada que eu possa fazer, ações que eu possa praticar para de Nick. Todos os sentimentos de amor permanecem e são ainda maiores pelas lentes da perda. Mas a capacidade de amá-lo está tão longe quanto ele. Enquanto antes eu sempre podia lhe dizer uma palavra amável ou lhe enviar um presentinho, agora ele já não pode mais receber meu incentivo. Ele não pode mais receber os sinais da minha afeição. O meu amor é forte, mas a minha boca ficou calada e minhas mãos, impotentes. Não há nada que ele precise, nada que eu possa obter por ele, nada que eu possa lhe oferecer, nada que eu possa fazer por ele, nada por que eu possa orar em favor ele. O melhor que consegui foi levar canecas de café ao cemitério, arrancar ervas daninhas da grama que cresce sobre sua sepultura, cuidar de um pequeno jardim diante de sua lápide. Mas sei que esses pequenos gestos patéticos são para mim e não para ele. Detesto esta incapacidade. Detesto este vazio. Detesto esta impotência.

Eu me pego me perguntando se essa sensação de impotência não seria o motivo por que os católicos romanos são atraídos para a doutrina do purgatório. A doutrina católica romana afirma que a alma do cristão não é levada imediatamente para o céu, mas deve primeiro entrar em um lugar de purgação, onde, por meio do sofrimento, é purificada do que possa restar de pecado. É responsabilidade dos entes queridos interceder pela pessoa falecida, orar por ela, mandar rezar missas por ela, fazer o que estiver ao seu alcance para encurtar esse terrível tempo de sofrimento. Claro, estou convencido de que o evangelho da justificação somente pela graça, somente pela fé, nega a própria noção de purgatório; por isso, tenho certeza de que não existe tal lugar. Ainda assim, compreendo um pouco de seu apelo. Não há nada que eu não comprasse, nada que eu não adquirisse, nada que eu não fizesse, nada que eu não iniciasse, se ao menos servisse para Nick, se isso pelo menos me permitisse expressar o meu amor.

A realidade, porém, é que o Nick não precisa de nada. Parece uma dura verdade, mas sei que ela é muito boa. Não há nada de que Nick precise, porque ele está no lugar onde todas as suas necessidades foram satisfeitas. Ele não carece de nada, porque está no lugar onde não lhe falta nada de bom. Não há nada que eu possa fazer por ele, porque Jesus fez tudo o que é necessário; nada posso dar, porque Jesus deu o sangue de sua própria vida; não posso pagar, pois Jesus tudo pagou. Se Nick tem algum desejo não satisfeito, algum desejo não realizado, é apenas este: que a história chegue à sua grande consumação no retorno de Jesus Cristo. Ele, juntamente com os santos e mártires, deve mesmo agora clamar: "Até quando, ó Soberano? Até quando?" (cf. Apocalipse 6:10).

No entanto, Davi me ensina que, embora não haja nada de que Nick precise, isso não significa que eu seja impotente para expressar meu amor. Como Davi, posso perguntar: "Ainda resta alguém que foi amado por Nick, para que eu possa lhe mostrar lealdade, por causa de Nick?". Posso expressar o meu amor cuidando das pessoas de quem ele cuidava: sua mãe, suas irmãs, sua noiva. Antes, é claro, eu já amava essas pessoas, mas estou empenhado em amá-las ainda mais, para poder honrar o meu filho, meu irmão e amigo. O meu amor por elas pode ser uma homenagem a ele, uma expressão da minha lealdade. E, ao expressar o meu amor por ele por meio do meu amor por elas, espero o dia em que o grande abismo entre nós tenha finalmente sido transposto, quando o vir mais uma vez face a face, quando puder mais uma vez mostrar-lhe o amor que, mesmo agora, me aquece o coração, faz-me tremer os lábios e faz brotar lágrimas dos olhos.

CAPÍTULO 38

Sinto falta de meu filho hoje

Sinto falta de meu filho hoje. Nem preciso dizer isso, suponho, uma vez que sinto a falta dele todos os dias. Mas hoje a dor é particularmente aguda, particularmente profunda. Sinto falta do meu amigo e meu irmão; sinto falta do meu protegido. Sinto falta do filho da minha juventude, do deleite do meu coração. Sinto falta de vê-lo e abraçá-lo. Sinto falta de ensiná-lo e aprender com ele. Sinto falta do som de sua voz e de sua gargalhada, de sua risada. Tenho saudade de ter um filho. Tenho saudade do meu Nick.

O tempo entre o hoje e quando ele foi para o céu passou tão rapidamente, mas tão devagar. Muitas vezes, parece que foi ontem que recebemos o telefonema, ontem que suportamos o funeral, ontem que vimos o caixão descer à terra fria e escura. Ao mesmo tempo, contudo, parece que foi há uma vida. Éramos pessoas diferentes naquela época, uma família diferente com desejos diferentes, premissas diferentes, uma compreensão diferente da vida e da morte e do Deus que é soberano acima de tudo.

E, assim como o tempo entre agora e quando Nick foi para o céu passou rápida e lentamente, espero que o tempo entre agora e quando eu for para o céu também passe rápida e lentamente. Esta vida é um traço, um pontinho, um vapor, mas também um trabalho intenso, uma maratona, uma longa e cansativa peregrinação. Comecei a perceber que, embora a brevidade da vida seja mais bem vista quando se olha retrospectivamente, é a sua lentidão que costuma ser sentida no momento. Pode ser breve quando olhamos para trás, mas é longa enquanto a vivemos.

Dá a sensação de ser longa hoje. E parece longa hoje. Parece longa quando olho para o futuro e vejo um caminho à minha frente que pode levar meses, anos e décadas. Parece ainda mais longa quando considero o pesado fardo da dor que Deus me chamou para carregar. Estou certo de que posso carregar um peso grande por uma curta distância, mas muito menos certo de que posso carregá-lo por muitos quilômetros ou muitos anos. Simplesmente não sei como suportarei esta tristeza se tiver de levá-la até o fim.

O meu pai era paisagista e, de vez em quando, levava-me para trabalhar com ele. Eu me lembro de um dia em que ele me levou para servir de mão de obra barata não qualificada. Ele me mostrou um bloco de vários tijolos que tinha sido entregue ao final da entrada de um cliente e, em seguida, uma passarela que ele estava construindo para a porta da frente. O meu trabalho era levar os tijolos do primeiro ao segundo ponto. Lembro-me de olhar para aquela pilha gigante com desespero. Como eu conseguiria, aos doze ou treze anos de idade, mover o que parecia ser uma tonelada de tijolos? Percebi que teria de fazer isso da única forma que eu conseguiria. Peça por peça, tijolo por tijolo, passo a passo, levei um por um para o meu pai. Ele os colocava mais rápido do que eu os conseguia trazer para ele, até que um caminho perfeito levasse à entrada daquela bela casa.

Do mesmo modo, embora Deus tenha me chamado para suportar meu luto por toda uma vida e para fazer isso com fidelidade, ele não me chamou para suportar todo o peso de tudo de uma vez. Assim como a pilha é composta de muitos tijolos, uma vida inteira é composta de muitos dias. O fardo da dor de uma vida inteira seria pesado demais para suportar e a exigência de fidelidade de uma vida inteira seria assustadora demais de conceber. Mas o Deus que conhece a minha fragilidade dividiu essa atribuição em pequenas porções, pequenos dias, e prometeu graça suficiente para cada um deles. O meu teste de hoje não é suportar a dor de uma vida inteira nem de ser fiel até o fim, mas apenas suportar a dor de hoje e apenas ser fiel neste pequeno dia que ele apresentou diante de mim.

E tenho certeza de que, com a sua graça, posso cumprir a missão de hoje. Sei que posso suportar o peso da dor deste dia até que a noite caia e os meus olhos se fechem em repouso. Tenho convicção de que posso ser fiel no chamado de hoje enquanto durar o dia. Não preciso pensar no amanhã, na semana que vem nem no próximo ano. Não preciso da força para carregar os fardos de nenhum outro dia nem da determinação para permanecer fiel em qualquer outra circunstância. A minha missão dada por Deus começou nesta manhã e estende-se apenas até à noite de hoje. Por isso, quando eu acordar novamente amanhã com o amanhecer de um novo dia, despertarei para novas bênçãos, novas forças e a nova graça, que me permitirão ser forte e fiel durante mais esse dia. E exatamente assim, tijolo por tijolo, passo a passo, dia a dia, ele me guiará, ele me manterá e ele me capacitará a ser forte e fiel em tudo o que me chamar para fazer. Enquanto sirvo o meu Pai na missão que me deu, sei que cada tijolo, cada degrau, cada dia, está me aproximando um pouco mais da entrada daquele grande lar que ele está preparando para mim.

CAPÍTULO 39

A MORTE NÃO LHE FEZ MAL ALGUM

Um dos grandes e perenes poemas da língua inglesa, que memorizei quando criança e recitei inúmeras vezes desde então, foi escrito especificamente para ridicularizar a morte. Exibindo um profundo domínio de vocabulário, métrica e rima, John Donne zomba da morte e a menospreza por ela convencer enganosamente tantos de seu poder, de sua força e de seus horrores. No "Soneto sacro X", mais conhecido como "Morte, não te orgulhes", Donne personifica a morte a fim de puxar a cortina e expor a fraude que está por trás:

Morte, não te orgulhes; embora alguns te alcunhem vigorosa e nefasta, erram, pois não és.[92]

Muitos consideram a morte poderosa e nefasta, digna do nosso maior medo. Muitos vivem a vida inteira com temor enquanto aguardam a sua inevitável chegada. Alguns mal vivem ou vivem sem ânimo, por medo da morte. Não é de admirar, portanto, que a morte tenha se tornado altiva, orgulhosa e presunçosa, convencida de seu próprio poder e vigor.

Contudo, a realidade é muito diferente. O poeta prossegue e apresenta um leque inteiro de modos em que a morte deixa de cumprir

---

92 John Donne, *Holy Sonnets: Death, Be Not Proud*, Poetry Foundation, disponível em: www.poetryfoundation.org/poems/44107/holy-sonnets-death-be-not-proud, acesso em: 19 abril 2022 [Domínio público].

suas ameaças, modos em que a morte, em última análise, passou a ser inofensiva para os que são amados por Deus. A morte, salienta Donne, não nos mata de verdade, mas apenas nos leva para descansar e dormir. A morte não nos rouba a vida de verdade, mas apenas separa nossa alma do corpo por um tempo. A morte não toma nenhuma iniciativa, mas é sempre apenas escrava das ações de outros. Portanto, mesmo que ameace cada um de nós, a morte vive com medo constante, sempre consciente de que a maior de todas as mortes será a sua. Porque, como Donne diz no poderoso dístico de conclusão:

> Acordamos para a eternidade de um breve repouso
> Morte, tu não existirás mais; morte, tu morrerás.

Na verdade, a Bíblia define a morte como o último inimigo e, embora seja o último a cair, certamente chegará a sua hora.[93] A morte da morte já foi garantida pela crucificação e ressurreição de Jesus Cristo. Seu dia e hora finais já foram estabelecidos na mente de Deus e agora apenas aguarda o momento determinado. Como uma simples palavra dará completo e derradeiro fim ao reinado de Satanás, também acabará completamente com o reinado da morte. A morte, sabemos, é um adversário derrotado, um inimigo frouxo, um inimigo acorrentado que não pode ir além de onde Deus permite.

Agora, com a mente do poeta, olho para a morte e também a golpeio com o aguilhão.[94]

Morte, você causou algum grande dano ao Nick quando libertou o espírito dele do corpo? Claro que não, pois tudo o que você fez foi livrá-lo da dor física e entregá-lo às bênçãos espirituais. Você o libertou de toda luta e tensão, de todo sofrimento e tristeza, de toda ansiedade e incerteza. Você o entregou à mais plena paz e ao mais doce conforto. Morte, não se orgulhe!

---

93 Veja 1Coríntios 15:26.
94 Este capítulo foi inspirado em parte pelo pastor Tim Binion, que testemunhou no funeral de Grace Keen (10 de julho de 2001-18 de março de 2021) que "a morte não lhe fez mal algum".

Morte, você causou algum grande mal ao Nick quando o tirou do meu lado? Não, pois quando você tirou Nick do meu lado, você o entregou ao Salvador. Você o transportou para o lugar onde pode receber acolhimento e recompensa, onde pode ver o rosto do seu Salvador, onde pode expressar a sua mais profunda gratidão àquele que o curou e o trouxe a plenitude. Morte, não se orgulhe!

Morte, você causou algum grande dano ao Nick quando o tirou deste lugar de labuta, deste lugar que tão constantemente tensiona o corpo, a mente e o espírito? Não, pois agora ele recebeu descanso, descanso de tudo o que agride, de tudo o que confunde, de tudo o que desencoraja. Ele já não tem mais de lutar contra o pecado nem se esforçar para a santidade; já não enfrenta provações nem sofre tentações; já não peca nem pecam contra ele. Agora, ele está totalmente preparado para servir com perfeição ao Salvador que tanto ama. Morte, não se orgulhe!

Morte, você causou algum grande dano ao Nick quando o chamou para longe da sua casa terrena? Não, pois você apenas chamou o Nick para longe desta terra estrangeira, onde ele era apenas um estrangeiro, e levou-o para a nova terra, onde há muito ele tinha garantida a plena cidadania. Você o transportou deste lugar de fé para o lugar de visão, desta sombra para a luz, deste antegozo para a realidade, de uma tenda terrena para um palácio celestial. Morte, não se orgulhe!

Morte, você causou algum grande dano ao Nick quando o afastou da família dele? De modo algum, pois você tão somente o entregou à comunidade lá do alto, à grande companhia de santos que estão na presença de Cristo para o adorar perfeita e incessantemente. Ali, ele se uniu a santos e mártires, a anciãos e a anjos, para derramar o seu louvor perfeito e as suas orações perfeitas ao seu Deus perfeito. Morte, não se orgulhe!

Morte, embora você pense que é senhora, não passa de uma serva. Embora pense que é poderosa, você tem apenas pequenos retalhos de poder que Deus lhe concedeu. Embora você ache que é assustadora, eu rio diante de você. Talvez você esteja convencida de que, porque andou nesta terra desde os dias do jardim, você andará para sempre, mas ouça o tique-taque do relógio ou veja as areias do tempo caindo; pense e saberá que sua ruína se aproxima rapidamente. Porque, na mesma medida em que a morte e a ressurreição de Jesus Cristo garantiram a vida daqueles a quem ele ama, também garantiram a sua morte.

Nesse dia, ninguém chorará nem pranteará, tampouco derramará uma lágrima sequer por você. Pelo contrário, cantaremos, celebraremos, festejaremos e nos alegraremos, dançando sobre a sua sepultura. Morte, levante o queixo e olhe-me nos olhos enquanto digo: você não fez nenhum mal a Jesus, você não pode fazer mal nem fez mal algum ao meu Nick. Morte, não se orgulhe, pois um curto sono se passou e nós acordaremos eternamente, mas você não existirá mais. Morte, *você* morrerá!

> Morte, não te orgulhes; embora alguns te alcunhem vigorosa e nefasta, erram, pois não és;
> pois aqueles que pensas que derrubarás não morrem, pobre morte, nem assim me podes matar.
> Descanso e sono, que são teus atributos,
> concedem prazer; então de ti muito mais deve fluir, e logo os nossos melhores homens partem contigo,
> a entregam da alma que se desapega da carne.
> És escrava do destino, do acaso, dos reis e dos homens desesperados, e habitas em veneno, guerras e doenças,
> se a papoula ou os encantos também nos fazem dormir tão bem e melhor do que o teu golpe; por que então te ensoberbeces?
> Acordamos para a eternidade de um breve repouso.
> Morte, não existirás mais; morte, tu morrerás.

CAPÍTULO 40

É CHEGADA A HORA DE RESSUSCITAR!

Acordei cedo, descansado demais para ficar na cama, mas cansado demais para trabalhar. Desço as escadas tropeçando, pressiono o botão da cafeteira e jogo-me no sofá enquanto espero ela passar meu café. Nesses poucos momentos, volto a dormir e tenho o mais realista dos sonhos.

Nesse sonho, vejo-me deitado na cama quando um enviado angelical me desperta com uma mensagem. E tão certo como Maria sabia, tão certo como José sabia e tão certo como Zacarias sabia, no meu sonho eu sei, sei que o mensageiro é confiável e sua mensagem autêntica. "Deus me enviou para lhe dizer que Cristo voltará em exatamente uma hora". Meu coração se levanta. Minha mente vacila. Os meus pés se apressam. Saltando da cama, desço as escadas correndo, pego meu casaco e as chaves e corro para fora da porta. Sei exatamente onde preciso estar.

Essa cena esmaece, dando lugar à cena seguinte; vejo-me chegando ao cemitério de Glen Oaks. Abrindo a porta do carro, salto para a escuridão anterior à alvorada. Para cima e para baixo das fileiras de sepulturas, começo a correr, gritando as boas novas. "É chegada a hora! É chegada a hora!", grito. "É chegada a hora de ressuscitar!". Corro uma fileira para cima e outra para baixo, subindo uma fileira e descendo a seguinte, meus pés batem na grama irregular.

Vejo-me fazendo uma breve pausa junto à sepultura do jovem cujos pais decidiram ali inscrever apenas três breves palavras, as palavras que Aslan sussurrou para Lúcia quando ela estava dominada pelo medo e pela incerteza: "Coragem, caro coração".[95] Embora essas palavras tenham me abençoado e fortalecido tantas vezes, nesta manhã não, tenho necessidade de encorajamento. "Caleb", chamo gritando, "é chegada a hora! É hora de ressuscitar! Só mais alguns minutos e é chegada a hora!".

Saio correndo mais uma vez, mas paro quase imediatamente, dessa vez perto de uma sepultura próxima, onde, há poucas semanas, uma família se reuniu para cantar doces hinos de consolo em inglês e em hindi. "É chegada a hora, minha irmã em Cristo", eu digo em um brado. "É chegada a hora de ressuscitar!".

Vejo-me correndo sem parar, subindo e descendo as fileiras silenciosas, declarando as boas novas em alta voz. Paro novamente, dessa vez diante de um pedaço de terra onde outro jovem está enterrado, um jovem cujos pais uma vez se aproximaram de mim e de Aileen para nos consolar e dar ânimo, para pedir a Deus que nos mandasse consolo do céu. "É chegada a hora!", digo em alta voz. "É chegada a hora! Só mais alguns momentos e você ressuscitará! Seu corpo e sua alma se unirão e você ressuscitará! É chegada a hora!".

O lado oriental do horizonte começa a brilhar com a primeira luz do dia. Os primeiros raios do sol ameaçam romper as nuvens que pairam sobre o Lago Ontário. O tempo diminuiu para apenas um minuto e agora os meus pés me levam àquele ponto desse cemitério que se tornou mais familiar para mim.

Com o rosto brilhando com o dourado do nascer do sol, paro onde parei tantas vezes. Diante daquele pedaço de grama que minhas mãos cuidaram e minhas lágrimas regaram, caio de joelhos. Em um tom confiante e inabalável, digo: "É chegada a hora, meu filho! É chegada a hora! Apenas um minuto mais e ouviremos o brado de ordem. Apenas

---

95 C.S. Lewis, *The Voyage of the Dawn Treader* (1952; reimpr., New York: HarperCollins, 1994 [edição em português: *As crônicas de Nárnia — A viagem do Peregrino da Alvorada*, trad. Ronald Kyrmse (Rio de Janeiro: HarperCollins Brasil, 2023), p. 180].

um momento mais e ouviremos a voz do arcanjo. Apenas alguns segundos mais e ouviremos o toque da trombeta. É chegada a hora, meu filho. É chegada a hora! É hora de acordar. É chegada a hora de ressuscitar!". Começo a contagem regressiva: 5... 4... 3... 2... 1...

E então... Então volto à consciência. Percebo que estou no meu sofá, não no cemitério. Percebo que foi um sonho, não a realidade. Mas também tomo consciência de que o meu rosto está molhado de lágrimas e o meu coração repleto de alegria. Porque, embora tenha sido apenas um sonho, é um sonho que, de alguma forma, me fez meditar na melhor de todas as promessas, a mais segura de todas as esperanças. É um sonho que certamente se tornará realidade em alguma forma, porque Deus nos deu sua palavra infalível:

> Pois, dada a ordem, com a voz do arcanjo e o ressoar da trombeta de Deus, o próprio Senhor descerá dos céus, e os mortos em Cristo ressuscitarão primeiro. Depois nós, os que estiverem vivos, seremos arrebatados com eles nas nuvens, para o encontro com o Senhor nos ares. E assim estaremos com o Senhor para sempre (1 Tessalonicenses 4:16, 17).

CAPÍTULO 41

Pegadas nas areias do tempo

Certa vez, passei uma manhã em meditação explorando um dos antigos cemitérios de Londres. Caminhando solenemente pelas infindáveis sepulturas de Bunhill Fields, percebi que estava entre o meu povo, rodeado de espíritos semelhantes, pois nas tumbas e nas lápides vi muitos nomes de indivíduos que influenciaram a minha vida e moldaram a minha fé. O grande John Bunyan se encontra sob um monumento imponente, bem como John Owen. Nas proximidades, estão Joseph Hart, Isaac Watts e Susanna Wesley. Thomas Goodwin também está lá, juntamente com Nathaniel Vincent e John Gill. É uma ótima companhia de excelentes santos, jazendo muito próximos uns dos outros enquanto aguardam o dia da ressurreição.

Longfellow diz, poeticamente:

> A vida dos grandes homens nos lembra que podemos tornar nossa vida sublime e, ao partir, deixar para trás pegadas nas areias do tempo.[96]

Cada uma dessas pessoas deixou, à sua maneira, sua marca no mundo e em mim. *O Peregrino*, de Bunyan, proporcionou a gerações inteiras

---

96 Henry Wadsworth Longfellow, *A Psalm of Life*, Poetry Foundation, disponível em: www.poetryfoundation.org/poems/44644/a-psalm-of-life, acesso em: 19 abril 2022 [Domínio público].

meios de compreender a experiência cristã deste mundo. Mais de três séculos após a morte de Owen, *Para vencer o pecado e a tentação* continua sendo o tratamento mais preeminente do tema. As palavras de Hart e Watts ainda ressoam nas igrejas toda vez que cantamos: "Vinde, pecadores, pobres e necessitados[97]" ou "Alegria ao mundo, o Senhor veio!"[98]. Ouvi dizer que a mão de Susanna Wesley toca todos os sinos da Igreja Metodista do mundo todo, porque ela deu à luz os irmãos cofundadores desse grande movimento. O legado de Goodwin, Vincent e Gill vive nas obras de teologia deles. Cada um desses santos deixou pegadas indeléveis nas areias do tempo. Longfellow acredita, com razão, que essas vidas extraordinárias não se destinam apenas a serem relembradas, mas, sim, imitadas. Não se destinam tão somente a nos inspirar, mas a nos motivar a criar o nosso próprio legado da fidelidade:

> Vamos, então, levantar e agir, com o coração pronto para qualquer destino; sempre buscando, sempre alcançando, aprendendo a trabalhar e a esperar.[99]

Mas e os que quase não têm oportunidade de se levantar e agir? E os que viveram uma vida breve, que foram levados no momento da preparação, e não da ação, que foram para a sepultura antes de poderem fazer seu nome e acumular grandes realizações? Deixam marcas nas areias do tempo? Ou é como se nunca tivessem vivido?

Nick não tinha muito desejo de fazer um nome. Ele não tinha interesse em fama ou notoriedade. Estava satisfeito em ser invisível; na verdade, ele preferia assim. Mas ainda parece cruel que ele seja esquecido por completo. No entanto, sinceramente, o que há para lembrá-lo? Ele não deixou volumes de teologia, tampouco grandes obras de

---

97 J. Hart, *Come, Ye Sinners, Poor and Needy*, Hymnary.org, disponível em: https://hymnary.org/text/come_ye_sinners_poor_and_needy_weak_and, acesso em: 19 abril 2022 [Domínio público].

98 Isaac Watts, *Joy to the World, the Lord is Come!*, Hymnary.org, disponível em: https://hymnary.org/text/joy_to_the_world_the_lord_is_come, acesso em: 19 abril 2022 [Domínio público].

99 Longfellow, *A Psalm of Life*.

arte ou realizações extraordinárias. Ele não deixou nenhum legado financeiro para financiar a expansão do reino, tampouco filhos para levar seus genes para as gerações futuras. Ele foi o último homem na linhagem Challies; por isso, mesmo o seu sobrenome irá, com o passar do tempo, desaparecer e se extinguir. É quase como se seus pés nunca tivessem passado por este mundo, como se não deixasse nenhuma pegada.

Não posso deixar de voltar a pensar em Bunhill Fields e na verdadeira lição daquele lugar sagrado. A verdadeira lição desse cemitério não é que a maioria das pessoas deixe pegadas indeléveis nas areias do tempo, mas que a maioria não deixa nenhuma, pois, apesar de haver dois mil monumentos naquele cemitério, há 120 mil corpos. Apesar de haver alguns luminares, há muito mais "comuns". E quem pode dizer que a vida dessas pessoas não foi tão sublime, tão nobre, tão honrosa a Deus? Será que realmente pensamos que as únicas pessoas extraordinárias são as lembradas por serem grandes?

O poema de Longfellow inspirou muitos a se porem "em pé e agir", a entregar a vida a grandes planos e grandes realizações. Mas também inspirou outros a refletirem de forma realista sobre a natureza da vida e da morte. Não posso deixar de me perguntar se Hannah Flagg Gould também caminhou por Bunhill Fields, se pensou, como pensei, na enorme quantidade de pessoas sem nome jazendo sob seus pés. Talvez ela estivesse com elas em mente quando começou a escrever este poema:

> Sozinha andei pela costa do mar, na imensidão;
> uma concha perolada em minha mão:
> inclinei-me e escrevi sobre a areia do chão
> o meu nome, o ano, o dia.
> Do ponto em que passei,
> um olhar contemplativo às costas lancei:
> uma onda agigantada e veloz comtemplei,
> esta apagou tudo o que eu escrevia.

> Destarte, pensei, e logo será;
> a terra todas as minhas marcas terá;
> uma onda do mar escuro varrerá
> este lugar de esquecimento;
> aqui, esta costa arenosa, onde pisei
> do tempo, onde fui para não mais estarei;
> eu, meu dia, o nome que carreguei,
> até não deixar rastro ou vestígio de momento.[100]

Essa é a experiência mais comum, não é? Deixamos marcas neste mundo, mas apenas do tipo que é quase imediatamente arrastado pelo tempo. Influenciamos poucas pessoas ao nosso redor; melhoramos a vida de algumas pessoas; somos fiéis com os poucos talentos que nos foram confiados; depois, partimos. Poucos de nós deixam o tipo de pegadas que serão visíveis por mais do que o mais breve dos momentos. Hannah Gould sabia disso, mas não se preocupava em deixar pouco "rastro ou vestígio" de sua peregrinação. Ela não se preocupou, porque compreendeu que Deus está criando um monumento diferente, que é muito mais duradouro.

> E, no entanto, com ele, que conta grãos de areias
> e em suas mãos detém as águas alheias,
> há um registro eterno, faz minhas manhãs cheias
> de esperança, meu nome em sua história.
> De tudo, esta parcela mortal quis forjar;
> de tudo, esta alma pensante quis ponderar;
> e destes momentos fugazes, sobressaltar
> por vergonha ou por glória.[101]

O que conta na economia de Deus não é o que as outras pessoas se lembram de nós ou das honras e elogios que nos seguiram. Não há

---

100 Miss H. F. Gould, *A Name in the Sand*, in: *Poems* (Boston: Hilliard, Gray, 1853), vol. 3, p. 34.
101 Gould, *A Name in the Sand*.

relação entre a imponência dos monumentos erguidos para nós na terra e a extensão das recompensas que recebemos no céu. Deus conhece o nosso coração, conhece as nossas obras, conhece os nossos amores. Ele sabe o que fizemos, o que pensamos, o que tentamos nos momentos fugazes que nos foram atribuídos, o que ainda desejávamos fazer quando estávamos afastados. Isso é verdade se vivermos anos, décadas ou séculos.

Nick não precisa ser lembrado pelos outros, porque ele nunca será esquecido por Deus. Suas ações não precisam ser registradas nos anais da história, porque o seu nome foi registrado no livro da vida. Ele não precisa de um grande monumento ao seu nome, porque ele receberá uma pedra branca, com um novo nome escrito nela que ninguém conhece, a não ser ele mesmo e seu Deus.[102] Estou certo de que nem ele nem nenhum dos seus companheiros santos no céu se orgulham de seus nomes ainda serem mencionados aqui ou ficam um pouco incomodados se foram esquecidos da memória. Ao invés disso, ele está entre essa multidão inumerável, desejando apenas que Cristo seja conhecido, que Cristo seja lembrado, que Cristo seja honrado. E agora oro para que Cristo seja honrado em mim até chegar o dia em que eu também me vá e seja esquecido aqui, quando eu também chegar e for lembrado lá.

---

102 Veja Apocalipse 2:17.

CAPÍTULO 42

Muito bem, pai bom e fiel

Eu o conheço apenas pela fotografia emoldurada em preto e branco que antes estava pendurada na casa de minha avó e agora está pendurada na de minha mãe. A imagem é a de um jovem piloto de caça arrojado que atendeu ao chamado às armas e voluntariou-se para servir na Força Aérea Real Canadense. Apesar de seus longos cabelos castanhos estarem desalinhados, sacudidos pelo vento, ainda parecem perfeitos. Ele está sentado de um jeito descontraído no capô de sua aeronave, confiante, sorridente e preparado. Pronto para cumprir o seu dever, pronto para ir à guerra.

Quando eu era criança, os idosos que eu conhecia tinham chegado à maioridade durante a Segunda Guerra Mundial. A geração deles é conhecida como a "Geração Grandiosa" e era composta por todos os corajosos rapazes que se apressaram a se alistar, foram enviados para terras estrangeiras e travaram terríveis batalhas por terra, mar e ar. E, embora os homens que conheci tenham regressado e construído uma vida, muitos dos seus pares não voltaram. O homem cujo retrato estava pendurado na parede não regressou. Em 1944, o meu tio-avô Harold embarcou em uma missão e desapareceu sobrevoando o mar Mediterrâneo. Nunca mais se ouviu falar dele.

A cidade onde passei minha infância, como quase todas as outras do Canadá, tinha um cenotáfio na praça, um memorial aos homens que lutaram e morreram. Por vezes, eu ia lá no Dia da Memória, 11 de novembro, para participar de cerimônias destinadas a homenagear aqueles homens e preservar a memória deles. Os meus olhos jovens olhavam com piedade para o rosto banhado de lágrimas de senhores e senhoras desamparados, segurando fotografias desbotadas e estampadas com as tradicionais papoulas vermelhas: homenagens a irmãos ou pais que serviram e se sacrificaram, que morreram e foram sepultados nos vastos cemitérios da Europa Ocidental. Os homens daquelas fotografias ficaram para sempre congelados no tempo, tão jovens como eram no dia em que caíram em batalha. Mas, a cada ano, os que seguravam as fotografias ficavam mais velhos, mais encanecidos, mais curvados, mais abatidos. Eu não conseguia entender como, depois de tantos anos, a dor deles continuava tão pungente, tão crua, tão presente. Eu não tinha condições de entender por que minha avó só ousava falar do irmão em raríssimas ocasiões.

Mas estou começando a compreender. Estou começando a entender que algumas feridas na verdade nunca cicatrizam, que algumas feridas pesam por toda a vida, que algumas providências de Deus são tão profundas que tão somente pensar nelas desperta toda a velha emoção e falar delas provoca toda a velha dor. Algumas tristezas só serão consoladas no lugar onde todas as lágrimas são enxugadas.

Quando o Senhor me deu um menino como meu primogênito, criei na mente a imagem de envelhecer com ele ao meu lado. Nessa imagem, eu estava encurvado e grisalho, muito perto do fim do meu tempo na terra. Estava deitado em uma cama com a família reunida ao meu lado. Nick pegava minha mão e, enquanto eu passava da terra para o céu, ouvia-o sussurrar: "Muito bem, pai bom e fiel!", uma confirmação humana da bênção divina que desejo ouvir de Jesus quando chegar ao céu. Essa visão deu origem a um propósito. "... Os pais são o orgulho dos seus filhos" (Provérbios 17:6), diz Salomão, e eu decidi que viveria diante do meu filho como um exemplo digno de homem, marido, pai e cristão. Eu viveria uma vida de tanta sabedoria e piedade que Nick ficaria orgulhoso de estar ligado a mim, orgulhoso de me chamar de seu pai, orgulhoso de estar comigo no final. Ao mesmo tempo que sabia que, em última análise, eu devia viver para a glória de Deus e para o seu louvor, eu estava determinado a viver de uma maneira tão correta e honrada que também receberia o reconhecimento de Nick.

Isso, porém, acabou. Ainda estou determinado a viver uma vida digna do evangelho de Jesus Cristo. Só que Nick não estará mais aqui ao meu lado para presenciar a minha morte e pegar na minha mão e sussurrar essas palavras derradeiras. Ele já não precisa de mim para lhe ensinar a ter êxito na vida, no ministério, no matrimônio e na família. Assim, em vez de minha vida ser um exemplo para ele, passou a ser uma homenagem. Não sei se ele consegue ver o que está acontecendo aqui na terra ou se, quem sabe, recebe relatórios ou notícias que o mantêm informado. A Bíblia não é clara sobre isso. Mas decidi viver como se ele soubesse, como se estivesse torcendo por mim, como se eu pudesse continuar lhe dando orgulho de ser meu filho, de ter a mim como pai.

Ontem à noite, quando estava naquele estado entre o sono e a vigília, tive uma nova imagem de mim mesmo: eu me via como um daqueles velhos tristes segurando uma fotografia desbotada e emoldurada de um homem muito mais jovem. O tempo passou, mas não Nick, pois no retrato ele ainda tem apenas vinte anos, a mesma idade que tinha quando o vi pela última vez, dei o último abraço e lhe disse que o amava. Desde então, comemorei muitos aniversários; ele não comemorou mais nenhum. Meu rosto está envelhecido e enrugado; o dele permanece jovem e brilhante. Poucos agora se lembram do nome dele, menos ainda do som de sua voz, de sua gargalhada, do brilho de seus olhos. Mas, quando olho com carinho para a sua forma conhecida, ainda me lembro de tudo. Embora os anos tenham dado lugar a décadas, mesmo que tanta coisa tenha mudado dentro e fora, ele ainda está vivo na minha mente e ainda está presente no meu coração. O meu amor está vivo e pulsa mais forte do que nunca.

Li certa vez de um escritor o relato de uma ocasião em que ele e a sua família embarcaram em uma excursão de pesca. Partiram de manhã e, ao avançarem para as águas abertas, encontraram uma série de ilhotas. O filho perguntou se podia explorar uma delas até que a família retornasse naquele mesmo trajeto no fim do dia e saiu do barco enquanto o restante do grupo continuou em direção aos pesqueiros próximos. No cair da noite, quando começaram a viagem de volta, desceu a escuridão e uma névoa espessa se instalou. O pai não tinha certeza da direção, então ele foi tateando lentamente o caminho ao longo da costa até poder ouvir o som das ondas quebrando nas ilhas. Mas com toda a névoa, ele não sabia qual era a ilha em que seu filho esperava. Então foi para a proa, colocou as mãos em forma de concha na boca e começou a gritar na escuridão. Ao longe, ouvia a fraca resposta do filho ecoando sobre as águas: "Pai, estou aqui! Venha pra cá! Estou esperando o senhor!". Ele se dirigiu na direção da voz, chamando e prestando atenção à resposta, até que o barco finalmente tocou a costa, e o filho saltou em seus braços, dizendo: "Eu sabia que o senhor me encontraria, pai!"[103].

Na imagem que me veio à mente ontem, eu estava a bordo de uma embarcação semelhante em alto mar, com aquela fotografia preciosa ainda apertada com força nos meus braços. O barquinho castigado pelas intempéries suportou muitas tempestades, tempestades imensas que quase o inundaram, muitas ondas gigantes que quase o fizeram afundar. Agora, com a terra desaparecendo atrás de mim, começo a ouvir um grito distante: "Estou aqui, pai! Navegue em direção à minha voz. Estou esperando o senhor!". A voz vem da direção da fé, da santificação, da direção da perseverança. Vem da direção do céu. Assim, em meio às brumas, pego o caminho nessa trajetória, mantendo o curso em direção ao som da voz de Nick. "Firme agora", eu o ouço chamar. "Não desista! O senhor está perto". A voz dele soa mais alta no meu ouvido à medida que a distância entre nós diminui.

Então, quando meu barco finalmente chega à praia de uma terra tão formosa, eu o encontro lá à minha espera, naquele lugar onde o último inimigo foi derrotado, onde a própria morte está morta, onde nada nos separará novamente. "Eu sabia que você me encontraria!", ele diz. Depois, abrindo os braços para mim, diz as palavras que esperei tanto para ouvir: "Muito bem, pai bom e fiel!".

---

103 Veja Thomas Smyth, *The Complete Works of Thomas Smyth* (Columbia: R. L. Bryan, 1912), vol. 10, p. 210.

Epílogo

O PRIMEIRO FIM

O ar volta a soprar mais frio, as noites novamente se tornam mais longas. As folhas do grande carvalho e do bordo imponentes acima da nossa casa já adquiriram os tons vibrantes de vermelho, amarelo e laranja e caíram no chão. Não estamos longe da primeira geada, não muito longe da primeira neve, não muito longe do ano se desvanecer e transformar-se em outro novo.

Nos nossos primeiros dias de luto, quando nossa mente estava tão perplexa e o coração tão despedaçado, as pessoas nos diziam que esse seria o ano mais difícil de todos, porque seria o ano de tantos "primeiros": o primeiro dia e a primeira noite de luto, a primeira data comemorativa com uma cadeira visivelmente vazia, o primeiro Natal com duas meias perto da lareira em vez de três, o primeiro aniversário em que Nick não ficaria mais velho nem um dia sequer. Cada uma dessas primeiras vezes momentos traria sua própria dor, disseram-nos, cada uma traria sua nova tristeza. Esses avisos se cumpriram, porque, na maioria das vezes, as datas especiais, que antes eram particularmente alegres, nos causaram muita dor. Hoje, chegamos a outro primeiro: o primeiro fim de tudo, pois hoje é o aniversário da morte de Nick. Ouvi alguns chamarem esse dia de "dia da morte"[104], um termo morbidamente paralelo a "dia do nascimento". Mas prefiro ficar com o mais prolixo "aniversário de sua morte". Foi há um ano que recebemos

---

[104] No original, *deathday* ("dia da morte"), forma paralela a *birthday* (aniversário), que ao pé da letra é "dia do nascimento". (N. R.)

a notícia de que ele tinha sofrido o colapso, há um ano que a nossa vida foi virada de cabeça para baixo, há um ano que, nos céus escuros de Ohio, inadvertidamente comecei a escrever em meio ao vale da minha dor.

À tarde, reunimo-nos no cemitério para registrar a ocasião. Com alguns amigos e alguns familiares, ficamos ao lado do túmulo de Nick e cantamos juntos canções que expressaram em palavras a nossa tristeza, nosso louvor e nossa expectativa. Cantamos a graça que nos trouxe segurança até agora e a graça que nos levará para o lar.[105] Declaramos que, seja qual for nosso quinhão, Deus nos ensinou a dizer: "Sou feliz com Jesus, meu Senhor".[106] Com lágrimas nos olhos, proclamamos a nossa esperança segura e firme de que, em um dia que apenas o próprio Deus sabe, celebraremos juntos na casa de Sião e contaremos as grandes e poderosas obras do nosso Deus: aquele dia em que não choraremos mais.[107]

Enquanto o céu toldava rapidamente à nossa volta, cantamos, oramos, abraçamo-nos e voltamos para o calor de nossa casa.

Recentemente, um amigo me perguntou o que aprendi durante esse ano mais difícil de todos. Não tive uma grande resposta para ele no exato momento, mas, nesta noite, parece-me muito claro: "Trabalhar e chorar". Ao que parece, é isso que se resume a vida deste lado da glória. Caminhamos para o céu trabalhando e chorando. Sim, há tempos de descanso e tempos de alegria também: "tempo de chorar e tempo de rir, tempo de prantear e tempo de dançar" (Eclesiastes 3:4). Mas cada alegria é temperada por tristeza, cada momento de descanso,

---

[105] Veja John Newton, *Amazing Grace! (How Sweet the Sound)*, Hymnary.org, disponível em: https://hymnary.org/text/amazing_grace_how_sweet_the_sound, acesso em: 19 de abril 2022 [Domínio público].

[106] Veja Horatio Spafford, *When Peace, Like a River*, Hymnary.org, disponível em: https://hymnary.org/text/when_peace_like_a_river_attendeth_my_way, acesso em: 19 de abril de 2022 [Domínio público].

[107] Veja Sandra McCracken; Joshua Moore, "We Will Feast in the House of Zion", seção 2 de *Psalms*, 2015, disponível em: https://sandramccracken.bandcamp.com/track/we-will-feast-in-the-house-of-zion.

pela consciência de que o trabalho ainda deve continuar. A alegria mais pura e o descanso mais completo estão sempre além do horizonte do tempo.

Certa vez, Jesus encontrou um grupo de homens que insistiam em querer segui-lo e ser seus discípulos. Mas Jesus conhecia o coração dos homens; por isso, advertiu-os a primeiro avaliar com atenção o custo de seguir o Mestre.[108] Logo, ficou claro que eles o seguiriam apenas se pudessem manter uma vida confortável, se pudessem seguir na comodidade, se pudessem seguir Jesus como prioridade secundária. Voltando-se para os seus discípulos, Jesus disse: "Ninguém que põe a mão no arado e olha para trás é apto para o Reino de Deus" (Lucas 9:62). Foi um apelo à dedicação e à perseverança, pois o agricultor que ara olhando para trás inevitavelmente cavará sulcos irregulares, desleixados e vergonhosos. A única maneira de cavar um sulco reto é fixar o olho em um ponto distante e mantê-lo fixo até que finalmente chegue ao limite do seu campo.

Nas poucas explorações agrícolas que ainda rodeiam esta cidade, os agricultores colheram recentemente a sua safra de verão. Mas, mesmo com a colheita reunida e com seus celeiros cheios, ainda não era hora de descansar, pois eles ainda tinham de pôr a mão no arado e trabalhar para se prepararem para a próxima temporada. Assim, os seus tratores mais uma vez cruzaram os seus campos; mais uma vez, semearam a semente; mais uma vez, plantaram a próxima colheita: o trigo que ficará adormecido durante o longo inverno antes de finalmente brotar para a vida com os primeiros raios aquecidos do sol da primavera.

Assim como aqueles agricultores, sei que chegar ao final de uma estação apenas me levou ao alvorecer de outra. Ainda não é hora de descansar, pois ainda há trabalho a fazer, ainda há sementes para semear e uma safra para colher, uma colheita de graças cristãs, de vida fiel, de amor e boas ações. Por isso, tenho de pôr a mão no arado e continuar olhando para a frente, não para trás.

---

108 Veja Lucas 9:57-62; 14:25-33.

Se o caminho a seguir leva o agricultor ao fim do seu campo e ao descanso de inverno, o meu caminho a seguir me leva ao fim da minha vida e ao descanso eterno. Leva-me ao dia em que a morte deixará de existir, em que o luto, o choro, a dor e todas essas coisas terão passado.[109] Esse dia está chegando, mas ainda não chegou. Mesmo quando ponho a mão no arado, só posso pôr uma das mãos, porque precisarei da outra para enxugar as minhas lágrimas. Manter uma mão no arado enquanto se enxuga as lágrimas com a outra: eis a essência de viver e trabalhar como cristão.[110] Por isso, continuarei e não olharei para trás. Fixei os olhos úmidos e brilhantes de lágrimas no céu, fixei meus olhos no fim da minha jornada, na minha grande recompensa, e caminharei com firmeza até ela. Pela graça de Deus, trabalharei e chorarei até enfim chegar ao lugar do conforto, ao lugar do descanso, ao lugar que é o meu lar verdadeiro.

O sol se pôs, a casa ficou em silêncio e é hora de me recolher para dormir. Agora, subirei e entrarei no quarto onde Aileen já está descansando. Virarei para ficar perto dela e permanecerei ali por alguns minutos, ouvindo o som de sua respiração, até que meu peito comece inspirar e expirar em uníssono com o dela. Meus olhos começarão a pesar e o meu pensamento ficará vago. Em breve, eu também adormecerei. E, à medida que os dias passam, dormirei com a segurança do conhecimento de que, quando acordar com o sol, estarei um dia mais perto do céu, um dia mais perto de Jesus e um dia mais perto de Nick. "Boa noite, meu filho", sussurro na escuridão. Boa noite, até breve.

---

109 Veja Apocalipse 21:4.
110 Já ouvi de várias formas esse ditado atribuído aos puritanos e a Watchman Nee. Agradeço a Maryanne por ter-me chamado a atenção.

EM MEMÓRIA DE
Nick Challies (2000-2020).

*© Caffy Whitney. Usado com permissão.
Todos os direitos reservados.*

Nota do Autor

Logo após a morte do Nick, eu me descobri desejando a companhia daqueles que tinham percorrido este caminho antes de mim. Recorri a autores de épocas passadas, porque, embora estranha para nós, a perda de um filho era comum para muitos deles. Muitas reflexões deste livro foram inspiradas em palavras, expressões, frases ou ideias de autores como J. R. Miller, F. B. Meyer, Theodore Cuyler, Thomas Smyth, P. B. Power, Thomas De Witt Talmage, John Flavel e outros. Eles, praticamente tanto quanto qualquer homem ou mulher vivo, foram os meus companheiros durante este ano. Dei o melhor de mim para observar tudo que absorvi deles, mas, sem dúvida, deixei passar algumas coisas. Depois de ler tantos milhares de páginas de suas palavras, às vezes tenho dificuldade de separar os seus pensamentos dos meus. Espero que eles e vocês me perdoem por qualquer coisa que eu tenha deixado de citar.

Este livro foi impresso pela Vozes, em 2025, para
a Thomas Nelson Brasil. O papel do miolo é avena
80g/m², e o da capa é cartão 250g/m².